Das Menschliche Mysterium

MIEKE MOSMULLER

DAS MENSCHLICHE MYSTERIUM

Lebenskräfte, Bildekräfte, Gestaltung des menschlichen Leibes

OCCIDENT VERLAG

ISBN 978-3-00-034035-2

Internet: www.occidentverlag.de
E-mail: info@occidentverlag.de
Umschlagabbildung: Orpheus, römischer Mosaikboden, 2. bis 3. Jahrhundert

INHALT

VORWORT

Von 1985 bis ungefähr 1992 studierten wir in Den Haag in einer kleinen Gruppe von anthroposophischen Ärzten unter der Leitung des (wenige Jahre später verstorbenen) anthroposophischen Hausarztes Nico Francken die Vorträge von Rudolf Steiner über das Lukas-Evangelium und das Lukas-Evangelium selbst. Als wir die Vorträge durchgearbeitet hatten, fingen wir aufs Neue damit an. Später studierten wir zweimal den ‚Jungmediziner-Kurs' und zuletzt auch ‚Grundlegendes zu einer Erweiterung der Heilkunst'. Nico Francken hatte eine flammende Begeisterung für Rudolf Steiner, die Anthroposophie und die anthroposophische Heilkunst. Er war während vieler Jahre Vorsitzender der NVVA (Niederländische Vereinigung anthroposophischer Ärzte). Für uns war er der Wegweiser in die Gesamtausgabe von Rudolf Steiners Werk. Er zeigte uns immer wieder begeistert die Vortragsreihen, die ihm im Zusammenhang mit dem Thema wichtig erschienen – das waren nicht nur medizinische Zusammenhänge –, er war in der Gesamtausgabe ganz zu Hause und wir folgten seinen Anweisungen dankbar. So lebten wir uns zum Beispiel in die ‚Okkulte Physiologie' und in ‚Grenzen der Naturerkenntnis' ein, aber auch in ‚Das Initiatenbewusstsein' und in das Büchlein ‚Anthroposophie. Ein Fragment'.

In den 80er Jahren trat er schon energisch für die

Wichtigkeit der Erkenntnis der karmischen Verbindung zwischen Rudolf Steiner und Ita Wegman ein, ein Thema, das scheinbar ziemlich revolutionär war.

In diesen Jahren der Zusammenarbeit mit ihm entfaltete sich meine Begabung des lebendigen Denkens, das die Übungen in eine immer weiter führende Lebendigkeit tauchte. Darüber konnte mit ihm aber nicht gesprochen werden. Es wurde mir sehr deutlich, dass in Kreisen der Anthroposophischen Gesellschaft, ausgesprochen oder auch nicht ausgesprochen, die Überzeugung lebt, dass der Anthroposoph sich nicht zum lebendigen Schauen des Geistes erheben könne, solange nicht Rudolf Steiner selbst als Lehrer auf Erden da sei. Diese Auffassung wird mir heute erst recht massiv öffentlich vorgehalten. Eine selbstständige Entwicklung zum lebendigen Geist sei unmöglich, und wer ihn dennoch zu realisieren meint, sei etwas anderes als ein Anthroposoph. Trotz der Tatsache, dass sich ganze Bücher mit Zitaten füllen ließen, in denen Rudolf Steiner klar ausspricht, dass er erhofft und erwartet, dass seine Schüler sich zum lebendigen Denken erheben werden, darf dies in unserer Zeit nicht geschehen. Alles darf sein, nur nicht eine realisierte Nachfolge Rudolf Steiners. Damit will ich nicht etwa sagen, dass ich auch nur in die Nähe seiner Fähigkeiten käme – die Selbsterkenntnis macht ja bescheiden. Aber der Mensch kann sich zum lebendigen Denken hin entwickeln, und das kann nicht nur ich, das kann jeder Mensch ‚verhältnismäßig leicht' erreichen, wenn er sich nur genügend anstrengen will – und das bedeutet, dass er dazu bereit sein muss, ein anderer Mensch zu werden.

In den Jahren ab 1985 habe ich also immer wieder die Anregungen Rudolf Steiners zu befolgen versucht, real meditativ imaginativ forschend in den menschlichen Leib hineinzugehen. Die Anregungen dazu sind in seinem Vortragswerk recht weit verteilt. In meiner Übungspraxis haben sie sich aber zu einem Ganzen gestaltet. Dieses Ganze habe ich jetzt versucht niederzuschreiben. Es ist eine Kristallisation meditativer Arbeit, die ich seit 25 Jahren vollführe. Obwohl das Thema der menschliche Leib ist, ist das Buch nicht nur für Ärzte bestimmt. Die Anregungen kommen vielfach aus Büchern und Vortragsreihen, die Rudolf Steiner für Mitglieder hielt, nicht nur für Ärzte.

Für das übersinnliche Forschen setze ich die Fähigkeit des lebendigen Schauens voraus, aber die meditativen Übungen brauchen diese Fähigkeit nicht: die Fähigkeit kann durch diese Übungen gerade erreicht werden. Es sind Meditationen der Lebenskräfte, Bildekräfte und der Gestaltung des menschlichen Leibes, Meditationen des menschlichen Mysteriums. Dass Rudolf Steiner eine *solche* Erkenntnis für *reine Anthroposophie* hielt, geht aus jenem keimartigen, unvollendeten Buch, Anthroposophie. Ein Fragment' hervor.

Auch in dem vorliegenden Buch äußere ich mich hier und dort kritisch. Ich wende mich gegen die Leichtfertigkeit, mit der mit der Erforschung der Bildekräfte, der Lebenskräfte umgegangen wird, und gegen die Leichtigkeit, mit der entsprechende ‚Erkenntnisse' angenommen werden. Die Erforschung des Lebendigen ist eine Forschung im Gebiet des Heiligen Grals, sie fordert eine tief ehrfürchtige Stimmung, die man sonst nur in der religiösen Frömmigkeit findet. Es handelt sich ja nicht nur um ein Umgehen mit elementarischen Geistern, sondern um ein Umgehen mit den höheren Hierarchien, also mit dem Göttlichen selbst.

In den Beschreibungen dieses Buches begegnen wir diesen Wesen nur ahnend, nicht klar schauend. Die allererste Erkenntnis, die man bei einem Sich-Versenken in die Sinne erlangt, ist die Selbsterkenntnis, dass man eigentlich *nichts weiß*. Die Erkenntnisart muss eine imaginative werden. Die beschriebenen Vorgänge sind Imaginationen, in denen die *Wesen* zuerst nur geahnt werden.

Der Leser wird wohl verstehen, dass ich auch auf meine Bücher hinweise. Ich versuche in diesen zu zeigen, wie man das *Werk* von Rudolf Steiner, die Anthroposophie, in der eigenen Seele zur *Wirksamkeit* erheben kann.

Alle Anregungen zu dieser Arbeit stammen von Rudolf Steiner, die Hinweise zu diesen Anregungen empfingen wir von Nico Francken – und nur der Wille, sie zu befolgen, kommt von uns selbst.

Januar 2011,

Mieke und Jos Mosmuller

DIE METHODE DER GEISTESWISSENSCHAFT

Wenn der Mensch das Lebendige untersuchen will, kann er dies nur, wenn er bereit ist, sich selbst zur Geisteswissenschaft zu erheben. Die Wissenschaft des Lebendigen kann nicht eine Naturwissenschaft sein, sie ist eine Wissenschaft vom Heiligen Gral.[1]

Das ist leicht niedergeschrieben, aber das Verwirklichen dieser Fähigkeit zum Erforschen des Lebendigen ist ebenso schwer, wie es einfach ist. Wer mit der Untersuchung des Lebendigen anfangen will, sollte sich zuerst gründlich bewusst werden, wie der heutige Mensch sich zur Natur, zum Geist, zur Seele und zur *Unternatur* verhält. Es muss eine scharfe Unterscheidung zwischen den verschiedenen Ebenen gemacht werden, und die ‚Stelle', wo die gewöhnliche Erkenntnis ‚sitzt', muss einem ganz klar bewusst sein.

Der erwachsene Mensch erkennt durch Sinneswahrnehmung und Denken – das ist seine Verstandestätigkeit. Darüber hinaus hat er allerlei seelische Regungen, die er beim Erkennen außerhalb lassen will, denn er will *sich* nicht in die Erkenntnis hineinmischen, er sucht eine objektive Erkenntnis. Diese erkennende Tätigkeit ist die naturwissenschaftliche. Sie ist eine

[1] Mieke Mosmuller, ‚Der Heilige Gral', Occident 2007, Kapitel ‚Die Sonne ist das Leben'.

seit dem Beginn des Bewusstseinsseelenzeitalters (15. Jahrhundert) sich entwickelnde erkennende Tätigkeit, und sie hat ein hohes Niveau erreicht. Sowohl die wissenschaftliche Fähigkeit als auch der wissenschaftliche Inhalt haben sich machtvoll entwickelt und verfeinert.

Im 20. Jahrhundert hat diese Entwicklung selbst wiederum neue Möglichkeiten zur Untersuchung und Forschung entwickelt. Es ist die Technik, die in der Wissenschaft zur Wahrnehmungs- und Interpretationsverfeinerung angewendet wird. Hier ist die menschliche Intelligenz nur insoweit beteiligt, als sie die Technik erfindet. *Ist* diese einmal erfunden, muss die menschliche Intelligenz vor dieser technischen, künstlichen Intelligenz zurücktreten. Die Technik führt dasjenige bzw. führt an dem Punkt weiter, wo der Mensch Halt macht und machen muss (z.B. Elektronenmikroskop als ‚erweitertes' Auge, wissenschaftliche Software als ‚erweitertes' Denken). Es ist oft gar nicht mehr deutlich, auf welchen Wegen die wissenschaftlichen Resultate genau gewonnen worden sind. Inwieweit haben die menschlichen Sinne die Wahrnehmungsseite verschafft, inwieweit hat die menschliche Intelligenz die Wahrnehmungen durchdacht? Und so gibt es heute eine Naturwissenschaft, die aus Vermengungen menschlicher und technischer Kenntnis zusammengefügt ist.

Das muss so sein. Was jedoch *auch* notwendig ist, ist, dass es Menschen gibt, die ein Bewusstsein davon haben, dass sie in der Naturwissenschaft auf eine unternatürliche Ebene hinuntergestiegen sind. *Dass* dies geschieht, muss so sein; dass der Mensch sich dessen aber nicht bewusst werden würde, wäre eine Tragik.

Wer Arzt werden will, lernt den gesunden und kranken menschlichen Leib kennen. Was lernt der medizinische Student jedoch eigentlich genau kennen? Die Anatomie ist eine statische Wissenschaft. In der Physiologie geht es um den lebendigen Prozess, sie kann diesen jedoch nicht erfassen und erkennt nur die Ergebnisse des Prozesses und seine analytische Beschreibung. Fragen wie: was ist Leben, was ist Tod? wodurch erkrankt der Mensch, wie wird er geheilt? können nur beschreibend anhand von Resultaten beantwortet werden, eine wirklich begriffliche Antwort gibt es nicht. In der Embryologie, wo die Gestaltung beschrieben wird, kommt man dem Lebendigen am ehesten nahe, wenn man mit seiner vorstellenden Kraft die Wachstums- und Gestaltungskräfte verfolgt. Das reale Leben findet man noch immer nicht. Nur die Technik kann etwas vom Leben und den lebendigen Vorgängen erahnen lassen, aber man findet nur die elektrische, also die unternatürliche Seite der lebendigen Prozesse. Ein EEG, EKG oder EMG gibt Aufschluss über die Funktionen des Gehirns, des Herzens, der Muskeln – es wird jedoch leicht einzusehen sein, dass man nicht das Leben selbst spürt, sondern dass die Vorgänge dieses elektromagnetischen Gebietes auf das Leben nur hinweisen.

Dadurch, dass wir uns intensiv mit dem technischen Erkennen befassen und kaum bemerken, wie unser eigener Erkenntnisprozess sich dadurch mitverändert, entsteht eine tiefe menschliche Tragik. In der reinen, nicht-technischen

Naturerkenntnis lebten wir erkennend schon auf einer Ebene, die nicht mehr rein menschlich war. *Natürlich* war sie, aber schon untermenschlich.[2]

Indem wir diese Naturerkenntnis mit der Technik vermischen, steigen wir noch eine Stufe tiefer hinunter. Wir begeben uns auf eine Ebene, wo Elektrizität, Magnetismus und manchmal auch Kernenergie die bildenden Kräfte sind. Sie sind immer um uns herum, auch in unserem Leib. Klar ist, dass sie uns immer stärker, immer ‚bildender' umgeben, durchpulsen. Es sind nicht-sinnliche Kräfte, die auch Bildcharakter (z.B. Fernsehbilder) haben können. Sie sind zunächst nicht wahrnehmbar, der Mensch braucht Apparate, um sie wahrnehmbar zu machen. Um sie am Menschen wahrnehmbar zu machen, brauchen wir EEG- und EKG-Geräte usw., aber auch die Apparaturen der Elektro-Akupunktur gehören in diesen Bereich. Was um uns herum ist, fangen wir mit dem Radio[3], dem Fernseher, dem Laptop, dem Handy usw. auf. Wir sind von einem nicht-sinnlichen, nicht-physischen Feld umgeben.

Unsere gewöhnlichen Gedanken sind Leichname eines geistig Lebendigen. Sie leben nicht, das wird jeder Mensch zugeben. Dass sie etwas sind, was einmal lebendig war, wird nicht jeder zugeben können. Wer aber genau auf seine Vorstellungen, Gedanken, Erinnerungen und Begriffe achtet, wird darin etwas ahnen können, was einmal mehr

---

[2] vgl. Rudolf Steiner, Anthroposophische Leitsätze, GA 26.

[3] Das Transistorradio war ja die erste Variante, die überall empfangen konnte.

war, als es jetzt ist. Die Erinnerung lässt dies am besten erkennen. Ein Erinnerungsbild ist eine Art Vorstellung, leblos, aber es verweist auf ein reales Geschehen, das damals zum Leben gehörte. Solche Erinnerungen sind als Bilder unlebendig, aber sie bleiben als Bild intakt, sie verfallen nicht, man kann sie immer wieder neu ‚heraufholen'. So ist es auch mit den Gedanken. Zwar sind sie leblos, sie bleiben aber erhalten und verfallen nicht, und sie weisen auf ein vorangegangenes Reales hin. Das unterscheidet sie von einem Leichnam, denn dieser verfällt ja. Selbstverständlich bleiben die Gedanken nicht statisch stehen, man vergisst sie wieder, aber *sie selbst* verfallen nicht.

Da nun unser Denken unbemerkt mit dem ‚Denken' der Technik vermischt wird, geraten die Gedanken-Leichname allmählich in Verwesung. Während ein Wort ein Ganzes bleibt, wenn man es mit der Hand aufschreibt, zerfällt es in seine Buchstaben, wenn man es tippt. Während man beim menschlichen Urteilen drei Möglichkeiten hat – ‚Ja', ‚Nein' oder die weite Möglichkeit des ‚Ich weiß es (noch) nicht' –, ist die künstliche Intelligenz nur zu zwei Möglichkeiten imstande: Ja oder Nein.[4] Die ganze weite Welt des Ungewissen wird abgesondert, existiert nicht mehr. Sollte uns dies nicht beeinflussen? Kann man meinen, man könnte außerhalb dieser Dekadenz des Gedankens bleiben?
Elektrizität ist verfallendes Licht, verwesendes Licht; Magnetismus ist verfallender Ton-Klang-Äther; Kernenergie

[4] vgl. Rudolf Steiner, GA 178, S. 230.

ist verfallender Lebensäther. Unternatürliche Ätherkräfte, könnte man sagen, die andere Seite der Ätherwelt ist es, in die wir immer mehr hinuntersteigen.

Das tief Tragische ist nun, dass der Mensch in dieser verfallenden, verwesenden Ätherwelt leicht hellsichtig werden kann. Er verwendet keine Apparatur, um diese Unternatur ‚rechtmäßig' zur Erscheinung zu bringen, sondern bildet ein Empfindungsvermögen aus, um auf dieser anderen Seite der Ätherwelt wahrnehmen zu können. Das wäre nicht einmal schlimm, denn in dieser Welt gibt es wahre Nachbilder der höheren ätherischen Welt, der Übernatur. Das Tragische ist, dass der Mensch in der Unternatur forscht und dabei *meint*, er sei in die *geistige* Ätherwelt aufgestiegen. Und da alles, was in dieser hohen Ätherwelt geschieht, seine Nachbilder auf den verwesenden Plan hinabwirft, kann der so Forschende leicht den Eindruck bekommen oder erwecken, er würde wirklich geistig forschen. Und man kann dann auch die ‚Erkenntnistheorie der Goetheschen Weltanschauung', ‚Wahrheit und Wissenschaft', ‚Die Philosophie der Freiheit', aber auch ‚Wie erlangt man Erkenntnisse der höheren Welten?' für diese unternatürliche Ebene umdeuten.

Man bleibt dicht an der Naturwissenschaft, braucht sie nicht in Geisteswissenschaft zu verwandeln, braucht auch nicht all diese mühsamen, moralischen und heiligenden Übungen. Man gibt sich den im gewöhnlichen Denken und Wahrnehmen waltenden Kräften hin, steigt in diese hinunter und findet eine verfallende elementarische Welt.

Die Ergebnisse sind wertvoll, so wie auch ein EKG wertvoll ist, wie auch die Elektroakupunktur wertvoll ist. *Tragik* wird es erst, wenn der Mensch sich nicht eingestehen will, *was* er genau macht, *wohin* er sich hinunterbegibt – und stattdessen den Anspruch einer exakten *geistigen*, übernatürlichen, übersinnlichen Forschung erhebt.

Schauen wir das Denken an. Wir kennen es als Vorstellungen, die in Wort und Bild in uns walten; wir wissen, dass sie aus den Sinneserlebnissen und den Erinnerungen geschöpft werden. Sie können sich zum Begriff, zur Erkenntnis vertiefen, können vertieft werden. Das ist die gewöhnliche Art des Denkens, die nicht einmal rein menschlich ist, die aber natürlich ist. Um zu einer Erkenntnis zu gelangen, die uns zum Beispiel das Verhältnis zwischen Gedanken und Gehirn aufklärt, müssen wir schon über mehr verfügen als nur eine natürliche Erkenntnisfähigkeit. Wir können mit unserem Denken nicht bewusst zum Gehirn vordringen und schauen, was sich da vollzieht.

Das gewöhnliche Denken in Gedanken und Begriffen ist eine Art mittlerer Zustand. Wir stehen mit ihm innerhalb unserer Welt, die eine natürliche ist. Unser Denken hat jedoch auch eine ‚untere Seite', es hat eine Bewegungsseite, wird von einem Willen bewegt, und es hat auch eine ‚Begehrensseite', wird von einem Fühlen durchglüht. *Bewusst* ist uns die Empfindungs-, die Bildseite[5]. Unbewusst ist anfangs die Bewegungs- und Begehrensseite. Diese

[5] vgl. Rudolf Steiner, Anthroposophie. Ein Fragment.

Willens-Begehrens-Seite hat mit den Gliedmaßen zu tun. Die Kraft, mit der wir *gehen* können, kann auch das Denken bewegen. Es ist der Astralleib im Menschen, der das Denken bewegt. Dieser Begehrens-Denk-Wille kommt von unten herauf, es ist der gewöhnliche, ‚unerzogene' Wille. In diesem Willen liegt das Karma als Impuls, aber es wirken auch Kräfte aus den Erdentiefen[6] in diesen Willen hinein, die so stark sind, dass das eigentlich Menschliche sich darin nicht aufrechterhalten kann. Dann tritt die Unternatur in den Willen ein und erfüllt ihn mit den elektromagnetischen Kräften, die in der Empfindung den Anschein erwecken wollen, den ätherischen Kräften ähnlich zu sein, nur sind sie viel stärker. Diese ‚Unterseite' des Denkens ist ein verfallendes Licht, ein verfallender Klang, sie ist die elektromagnetische Unterseite. Wenn einmal die Fähigkeit des krafterfüllten, lebendigen Denkens erweckt ist, ist zugleich auch die Fähigkeit da, die elektromagnetischen Kräfte zu spüren und den Unterschied zu erfahren. An sich sind diese Kräfte nicht neu, die Fähigkeit, sie zu verwenden, ist neu. Und die Fähigkeit, sie mit der Seele wahrzunehmen, muss erzeugt werden.

Aus dieser Schicht, dieser ‚Unterseite' des Denkens, holt der moderne Mensch seine gewöhnlichen Symbole, die Piktogramme. In diesen werden die Denkbewegungen verbildlicht, zum Beispiel:

---

[6] vgl. die 4. Klassenstunde der esoterischen Unterweisungen der Freien Hochschule für Geisteswissenschaft.

Unsere Begriffe, ja sogar die Kategorien könnten so verbildlicht werden. Das wären dann Symbole aus der Unternatur, keine Imaginationen. Es ist sehr wertvoll, bei diesen Symbolen einmal länger zu verweilen, um ihre Art zu erleben. Bringt man in dieses Denken eine inhaltliche Ruhe hinein, d.h. formt man keine Gedanken mehr, sondern hält man inne, so beginnt diese Unterseite zu sprechen, zu bilden, zu leuchten.

In *diesem* Bereich des (naturwissenschaftlichen) Denkens, wo man die Bewegungen des Denkens beobachtet und immer mehr verstärkt und vertieft, sie wiederum auch ganz zurückhalten und sich in die sinnliche Wahrnehmung hinein öffnen kann, verbleibt man in einem nicht-religiösen, moral-freien Gebiet, in dem sich Nachbilder des Lebendigen, gleichsam im Unter-Toten, finden lassen. Auch dasjenige, was so aus der sinnlichen Wahrnehmung aufgenommen wird, ist untersinnlicher Art, denn es werden nicht die sinnlichen Wahrnehmungen aufgenommen, auch nicht das in ihnen waltende Übersinnliche, sondern die untersinnlich verfallenden Ätherkräfte. Wertvolle Erkenntnisse können das sein, aber sie *müssen in ihrer Art erkannt werden.*

Dass es wirklich untersinnliche Wahrnehmungen sind,

kann ich nur ‚beweisen', indem ich den gewaltigen Unterschied gegenüber dem Weg zur übersinnlich-ätherischen Erkenntnis beschreibe. Dennoch gibt es auch einen äußerlichen Beweis.

Wenn der Mensch die gewöhnlichen, untermenschlichen und untersinnlichen Denkkräfte verwendet, so sind diese empfindlich gegenüber Ausstrahlungen des Leibes. Denkt ein Mensch im gewöhnlichen Denken, auch wenn es sehr stark ist, dann ist die Vorstellung, das Denken, zu beeinträchtigen, wenn die Hand gehoben und langsam zur Stirn geführt wird.[7] Im Folgenden werden wir sehen, dass dasjenige Denken, das sich über das Sinnliche erhebt, wirklich leibfrei wird, die Annäherung einer Hand überhaupt nicht mehr bemerkt. Die untersinnlichen Kräfte des Denkens und der Hand wirken aufeinander. Im Übersinnlichen hört diese Einwirkung vollkommen auf.

Dorian Schmidt beschreibt diese Empfindlichkeit der Gedanken wie folgt:

‚Eine Übung, die dazu entwickelt wurde, diesen Tatbestand [es geht um die Frage, wo sich die Bildvorstellungen in Bezug auf den physischen Kopf befinden, M.M.] angemessen ins Bewusstsein zu heben, ist der Versuch, den Vorstellungsraum vor der Stirn, in dem gerade eine starke Vorstellung aufrechterhalten wird, mit einer Handbewegung langsam zu durchdringen. Man kann erleben, wie die Vorstellung durch die eindringende Hand schon in gehörigem

[7] Vgl. Dorian Schmidt, Lebenskräfte – Bildekräfte, Verlag Freies Geistesleben 2010; und Jürgen Strube, Beobachtung des Denkens, Verlag für Anthroposophie 2010.

Abstand vor der Stirn sehr empfindlich reagiert. [...]
Was damit erreicht ist, ist die Berührung mit einem ganz speziellen (zur inneren Vorstellung führenden) Stück Ätherraum oder -feld, mit einem übersinnlichen Kraft-feld, welches uns ‚von innen her' so vertraut ist, dass wir es als übersinnlich gar nicht erkennen.'

Aus diesen Worten geht deutlich hervor, dass diese Durchdringung dieses Vorstellungsraumes vor der Stirn mit der Handbewegung als eine Berührung mit einem Stück Ätherfeld gedeutet wird. Es kann jedoch nicht die Ätherwelt sein, diese wird durch die Handbewegung keineswegs beeinträchtigt; es sind die im elektrischen Feld, im magnetischen Feld verfallenden Ätherkräfte, die sich da gegenseitig berühren.

Wir haben unseren Ausgangspunkt im gewöhnlichen (untermenschlichen, jedoch natürlichen) Denken genommen und gesehen, wie dieses einerseits eine elektrische Unterseite hat, andererseits eine Unterseite des Denk*willens*, der nach Erkenntnis, nach Gedankeninhalt begehrt (‚magnetisch'). Wenn dieser Begehrenswille im Vorstellungsdenken tätig ist, bewegt sich das Denken in einem elektromagnetischen Feld. Durch die Vorträge von Rudolf Steiner wissen wir, dass in diesem Feld der menschliche Doppelgänger lebt, der sich von der Geburt bis kurz vor dem Tod mit dem Menschen verbindet.[8] Das elektromagnetische Feld ist also dasjenige Feld, worin der

---

[8] Rudolf Steiner, GA 178, S. 230, Vortrag vom 25.11.1917.

Doppelgänger ‚verkörpert' ist. Hier lebt also gerade *nicht* die reine, sich nach Moralität sehnende Seele, sondern es lebt dort alles dasjenige, was überwunden, umgeformt werden muss.

Nun können wir innerhalb dieses gewöhnlichen Denkens versuchen, die Denkbewegungen zu beobachten. Das Denken hat einen Inhalt, es ist auch eine Tätigkeit. Beobachtet man das gewöhnliche Denken in seiner Tätigkeit, dann entdeckt man, dass es Bewegungen macht, bedeutungsvolle Formen zeichnet. Man kann das zum Beispiel beim einfachen Rechnen entdecken, aber auch beim Stellen einer einfachen Frage und dem Finden einer Antwort. Jürgen Strube hat in seinem Buch ‚Die Beobachtung des Denkens' eine genaue Anleitung dazu gegeben.[9] Wenn wir zum Beispiel addieren, so sind wir mit den Zahlen beschäftigt, das Denken jedoch bewegt sich in Formen, die mit dem Addieren an sich zusammenhängen und verbildlichen, wie das ‚Haben' sich vermehrt. Dies kann mehrere Formen annehmen, zum Beispiel:

oder:

[9] Jürgen Strube, Beobachtung des Denkens, Verlag für Anthroposophie 2010.

Wie es auch sei, es ist eine Form des Heranziehens. Multipliziert man, so ergibt sich eine andere Form-Bewegung. Das ‚Haben' wächst nicht durch das Zusammenfügen von zwei Größen, sondern es wächst in stets gleichen Sprüngen. Das kann sich als Geste des Denkens linienförmig, aber auch kreisförmig zeigen.

Beim jungen Kind sind gerade diese Denk-Formbewegungen noch sehr stark da, das Denken ist viel mehr ein Wollen in Formen. In der Waldorfschule lernt das Kind deshalb das Rechnen so, dass es diese Form-Bewegungen mit ausführen darf. Sieht man in den ersten Klassen eine Unterrichtsstunde im Rechnen, so sieht man – wenn es richtig ist – die Kinder diese Formen körperlich ausführen. Der ganze Mensch rechnet.

Im Lauf der Entwicklung zum Erwachsenenalter soll das Denken sich jedoch immer mehr aus dieser Körpergebundenheit emanzipieren und sich der Welt in einer anderen Weise öffnen lernen. Zuerst war es im Leib schaffend, dann hob es sich ein wenig aus dem Leibesschaffen heraus, blieb aber doch noch organisch mit dem Willen verbunden, betätigte sich in der Ästhetik. Dann aber muss es sich allmählich auf sich selbst stellen, indem es lernt zu *begreifen*. Zuerst macht es den Begriff des Lehrers noch *nach* (in der Pubertät), dann erlernt es, den Begriff selbst zu erfassen. Das Denken behält die Willens-Form-Bewegungen selbstverständlich, doch sie werden weniger massiv, sie werden leichter, überleuchtet. Das begriffliche Denken soll seinen Willens-Stoß nicht mehr aus dem leiblichen Willen schöpfen, sondern aus dem Ich-Willen.

Dieser Ich-Wille soll mehr und mehr das Denken bewegen. Der Ich-Wille lebt sich beim gesunden Erwachsenen einerseits in die Sinneswahrnehmung, andererseits in die Denkbewegung hinein.

Das Ich bewegt sich in der Sinneswahrnehmung und auf der anderen Seite in der Denkbewegung – und im Grunde sind beide ein und dasselbe, sie zeigen sich nur getrennt, damit das Ich selbstständig sein kann. Es erscheint sich als Vermittler zwischen Wahrnehmung und Denken, es *ist* aber beides in einem selbst.

Dieses reife Denken, das sich im Begriff aufrechterhalten kann, losgelöst vom körperlichen Willen und trotzdem durchwollt, lässt sich schwer beschreiben.

In ihm kann man nochmals eine Addition ausführen. Schaut man *sie* an, so schaut man keine Form, keine Bewegung, sondern das Wesen des Addierens, den *Begriff* des Addierens. Dieser entzieht sich unseren Worten. Wollte man diesen Begriff in ein Wort kleiden, so hätte man wieder ‚Addieren' – damit kommt man also nicht weiter. Man empfindet, dass man den *reinen* Begriff ‚erhaschen' kann – denn sonst könnte man überhaupt nicht addieren –, aber aller gewöhnlicher Denkinhalt verlässt einen dabei. Keine Form, keine Bewegung, keine Farbe, kein Ton bleibt, es bleibt nur eine *Bedeutung*, der Begriff selbst, der auch Tätigkeit des Addierens ist, aber nur *bedeutungsschwer*, im übrigen licht und leicht. Den Begriff selbst anzuschauen, erfordert einen großen innerlichen Energieaufwand. Vergleicht man zum Beispiel das Addieren mit dem Multiplizieren, ohne etwas anderes als nur den Begriff des Addierens und den Begriff des Multiplizierens hinzuzunehmen, so findet man den begrifflichen Unterschied – könnte ihn aber nicht aussprechen. Umschreiben könnte man den Begriff, annähernd erklären. Genau erfassen kann ihn jeder Mensch nur selbst. Damit hat man aber erst die geistige Seite der Tätigkeit des Denkens erfasst. Wenn man den Begriff des Addierens erfasst hat, hat man ja eine Denk-Tätigkeit (das Addieren) erfasst. Da ist man in der Intuition des Denkens: Das Denken führt die körperliche Bewegung nicht aus, es ‚weiß' jedoch genau, wie es vorzugehen hätte, wenn es addieren wollte.

Das Erfassen dieses begrifflichen Denkens erhebt den Denker erst auf die rein *menschliche* Ebene. Der Mensch ist über die Natur hinausgewachsen, in seine geistige Menschlichkeit hineingestiegen. Aber man empfindet sehr, sehr schmerzvoll, wie wenig eigen diese Ebene sich anfühlt. Es ist ein Erlebnis des Hüters der Schwelle, das sich hier ergibt. Man empfindet real, wie der Mensch eine Stufe zu tief in das Irdische hinuntergestiegen ist. Dadurch ist sein Blick ganz verstellt, lebt er in einer gewaltigen Illusion, jener nämlich, dass die begehrensschwere *natürliche* Erlebniswelt seine wirkliche Welt sei. Und die Tragik vergrößert sich wie gesagt noch, wenn der Mensch die *unternatürliche* Welt als die seinige, als die wahre geistige Welt erlebt. Dieses Erlebnis an der Schwelle lässt empfinden, wie licht und leicht, wie völlig leer von irdischen Eindrücken das reine geistige, menschliche Begreifen ist, wie schwer es jedoch ist, sich darin zu halten, es darin auszuhalten. Denn alles, was wir am irdischen Leben lieben, müssen wir hier abwerfen.

Und es erweist sich, dass man das nur sehr kurz aushalten kann, dass man die ‚Materialität' im Denken zurückhaben will – und dann also zurückfallen muss.

Am Denken lassen sich also zwei Seiten beobachten. Die ‚untere' ist die *leibliche* Willensseite, die sich mit dem Inhalt mitbewegt, ihn als Form-Bewegung abbildet. Die ‚obere' ist die *geistige* Willensseite, die von dem gewöhnlichen Inhalt gänzlich absehen muss, um den reinen Begriff als Tätigkeit finden zu können.

In Analogie dazu gibt es auch zwei Seiten der Karmaforschung. Im leiblichen Willen lebt der karmische Impuls als reiner Impuls, vermischt mit allerlei nicht-karmischen Regungen, d.h. Regungen, die selbstverständlich immer neues Karma geben. Es leben dort auch die niederen Begehrungen. Diese trüben die Anschauung des karmischen Impulses. Nun gibt es eine Möglichkeit, durch die Bildhaftigkeit an der unteren Seite des Denkens eine Beziehung zum Karma im Bilde herzustellen. Man formt Bilder von sich als gehender Mensch, als innerhalb bestimmter Bilder der Umgebung sich bewegender Mensch. Man stellt sich zum Beispiel eine Höhle oder Grotte vor, in der man sich behaglich fühlt. Dann steht man auf und bewegt sich zu irgendeiner Öffnung hin, die man sich so genau wie nur möglich vorstellt, so dass man sogar die Beschaffenheit der Erde unter den Füßen fühlt, die Art der Luft riecht. Diese bildliche Vorstellungskraft unterhalb des Denkens, in Richtung des Fühlens und Wollens, wird so von einer Art Phantasiekraft ergriffen, die einen zum Vorstellen von allerlei Begegnungen und Ereignissen inmitten diverser reich gestalteter Umgebungen anregt. Diese seien dann, so meint man, wirkliche Erlebnisse einer vorherigen Inkarnation.

Es ist eine anziehende, innerlich reiche Meditations-Methode, die auch innerhalb der Anthroposophie Anhänger findet. Die Wahrnehmungsfähigkeit und die Vielfältigkeit der Bilder sind erstaunlich. Und sicher wird man auch hier, in dieser ‚Unterwelt', viel Wahres finden können – wenn man nur zugäbe, dass diese Methode nicht zum rein geistigen Erleben führt, sondern in den nicht-erzogenen Leibeswillen hinein führt, wo es eine Mischung der wahren Individualität, der Persönlichkeit und des Doppelgängers gibt – ohne jede Möglichkeit, diese mit Sicherheit zu unterscheiden, weil die unterscheidende Instanz selbst aus dieser Mischung besteht. Dagegen wird zwar sogar behauptet, dass von einem reinen Denken ausgegangen würde und es eine Sicherheit in Bezug auf die Bedeutung der Ergebnisse gäbe. Das Mitmachen der Übungen lässt jedoch erleben, dass es sich hier um ein Hinabsteigen in den leiblichen Willen handelt.

Eine *sichere* Karmaforschung gibt es nur, wenn der Mensch zuerst in *Reinheit* seine Menschlichkeit findet. Das erfordert aber, sich hoch über das Denken zu erheben, bis man in den Himmelshöhen die Fähigkeit findet, sich völlig selbstlos aufrechtzuhalten. Da, im geisterfüllten wahren Menschen, empfängt man den reinen Begriff, das Welten-Wort. Dann kann man so weit in die Höhen des Himmels aufsteigen, dass die Akasha-Chronik erreicht wird, wo das *heilige Begreifen* sich in ein Lesen im Buch der Zeit verwandelt.

Zuerst aber soll und muss das ‚heilige Begreifen' kraftvoll entwickelt werden. Man kann dies, indem man das Finden des reinen Begriffs und der reinen Tätigkeit übt. Das ist eine ‚bildlose' Tätigkeit, man verliert gerade alles, was anschauliches Bild ist, und behält etwas, was *Bedeutung* hat und allmählich, durch das Ringen, an Kraft gewinnt. Tätige Kraft, sich bewegende Kraft entsteht. Ganz andersartige Bewegungen formt diese Kraft als diejenige auf der Unterseite des Denkens. Raumlos, aber zeiterfüllt scheinen sie zu sein. Und die Erfüllung wird mächtiger, immer heiliger, immer reiner. Das Bild des Heiligen Gral scheint für diese Bewegungen geeignet, immer mehr geeignet. Man braucht nicht religiös zu sein, man wird es von selbst. Denn die bewegende Kraft wird so heilig, so rein erfüllt, dass der Mensch keine Vorstellungen von Gott mehr braucht. Er offenbart sich, obwohl es keinen Namen gibt, der zutreffen würde, denn jeder Name, der im Irdischen erklungen ist, scheint hier verunreinigt, entheiligt.

Einst war der Begriff etwas Irdisches, jetzt ist er frei, geheiligt, von Moralität erfüllt.

Wenn dieses heilige Begreifen Geist-Erkenntnis geben soll, wenn es eine Geisteswissenschaft begründen will, braucht es aber von Neuem den Leib, den menschlichen Leib.

Wir wählen unseren Standpunkt wiederum im gewöhnlichen Erkennen. Der Mensch hat den Mittelpunkt in sich selbst, er erlebt sich in seinem Körper als Selbst. Von diesem Mittelpunkt aus nimmt er die ihn umgebende Welt als etwas wahr, was sich außerhalb von ihm befindet. Sein Körper dagegen ist Teil des Mittelpunkterlebens, er ist nicht in demselben Sinne Umgebung, wie es die Welt ist. In diesem Sinne ist der Leib etwas intim Eigenes und die umgebende Welt etwas ganz Fremdes.

Vertieft der Mensch diese Gedanken zu einem *Erleben*, so kommt unmittelbar etwas Bedrohendes hinzu. Denn dieses intim Eigene, der Leib, ist zum Tode verurteilt. Irgendwann wird er sterben und danach verwesen, das ist die Sicherheit, die jeder Mensch hat. Und demgegenüber weiß der Mensch auch sicher, dass die Welt, die ihm fremde, weiterexistieren wird, wenn das intim Eigene verfällt. Ein tragisches Paradox ist dies, mit dem wir leben müssen, auch wenn wir es aus unserem Bewusstsein verbannen.

Es gibt noch ein zweites Paradox. Unser Erkenntnisvermögen gibt uns die Möglichkeit, die uns fremde Welt uns selbst näherzubringen. Wir nehmen diese Welt in allen Gliederungen, in aller Mannigfaltigkeit, mit unseren Sinnen und mit der erweiterten Technik wahr und können durch das Denken, durch das Begreifen, zu einem

Wirklichkeitserlebnis kommen. Je mehr Erkenntnisse wir sammeln, desto eigener wird uns die Welt. Das intim Eigene jedoch, unser Leib, tritt uns durch die Erkenntnis keineswegs näher, sondern entfernt sich uns immer mehr. Anatomie, Physiologie, Pathologie ... sie liefern eine abstrakte Er-kenntnis des Leibes, aber das erleben wir nicht als eine Vertiefung des ursprünglichen intimen Leibeserlebens. Wir machen den Leib zu einem Stück Außenwelt und verlieren die Intimität, die Eigenheit, indem wir ihn in Erkenntnisse zergliedern. Anatomie, Physiologie usw. geben Erkenntnisse des menschlichen Leibes, die auch für *unseren* Leib gelten, aber das intime Leibeserleben hat damit nichts zu tun. Der drohende Tod unseres Leibes hat damit auch nichts zu tun, denn die Anatomie usw. wird unser Leibesleben überleben.

Da ergibt sich ein anders geartetes Erleben des Hüters an der Schwelle als das zuvor beschriebene. Wenn wir die Gedanken bezüglich unseres Leibes vertiefen, finden wir erstens, dass uns die reale, lebendige Erkenntnis unseres Leibes versagt ist. Nur eine dumpfe Intimität erleben wir, nicht eine klare Erkenntnis. Nach außen dürfen wir klar erkennen, auch unser Denken selbst kann – mit Mühe – klar erkannt werden. Der Leib jedoch bleibt nur dumpf wahrnehmbar und für die Erkenntnis vollständig im finsteren Dunkel. Nach außen hält uns der Hüter im Untermenschlichen, im Natürlichen. Nach innen, dem Leiblichen zugewandt, lässt er uns gar nicht hinein. Weder nach außen dürfen wir geistig erkennen, noch nach innen, dort werden wir sogar in das bloß dumpfe Gewahrwerden des Existierens eingesperrt

... durchwoben von der Sicherheit, dass es den Tod gibt.

Ein genaueres Selbsterleben lässt uns gewahr werden: Wir leben eigentlich nur in den *Sinnen* des Körpers, an der Oberfläche also, und in der Tiefe des Leibes auch nur in den Leibessinnen, wodurch wir von der Existenz des Leibes wissen. Das Mittelpunktserleben ist ein Spiegelbild-Erleben, nicht einmal eine Realität. Wir *leben* zwar im Körper, aber das klare Bewusstsein ist nur am Rande da, in den Sinnen. Vertiefen wir diese Gedanken zu meditativer Dichte, so erleben wir unmittelbar, dass der Mensch zu unvollkommen ist, um die Göttlichkeit des Leibes erkennen zu dürfen. Er verdankt seine Menschlichkeit dem Leib, ist selbst aber weit darunter hinabgefallen, kann die Höhe des menschlichen Leibes gar nicht erfassen. Sein Ich ist Ich anhand der menschlichen Gestalt – ohne diese verformt es sich zur Tiergestalt. Es gibt nur eine Stelle, wo das Ich in sich selbst Ich bleibt – das ist das reine Denken, das wortlose, sinnlichkeitsfreie Denken in reinen Begriffen.

Damit ist aber zugleich klar, dass eine weitere Entwicklung zur Geisteswissenschaft eine durch und durch moralische ist. In der Naturwissenschaft können Wissenschaft und Moralität nebeneinander bestehen, ohne sich zu beeinflussen. Die *Geistes*wissenschaft kann nur von Moralität durchdrungen existieren, denn ohne Moralität gäbe es keinen *Inhalt* für die Geisteswissenschaft. Was als Inhalt, als Erfüllung in das reine Denken einströmt, ist moralisch. Deshalb ist auch die erste Intuition im reinen

Denken die moralische. Diese Intuition soll sich dann weiter vergeistigen, d.h. sie soll Auge für den Geist werden, der weiter reicht als die Moralität auf Erden.

Es ist eine moralische Erkenntnis, wenn der Mensch schauend erlebt, wie er auf sich selbst zurückgeworfen ist, zu tief materiell geworden ist, und wie er die Welt und sich selbst als Illusion, illusionsartig, erkennt. Das, was er von der Welt und von seinem Leibe hat, ist eine vermaterialisierte Illusion. Er sieht beide Seiten verzerrt, verdichtet, er sieht nicht hindurch. In der Naturwissenschaft hat er eine gewisse ‚Durch-Sicht', die aber nur im Reich des Toten erkennen kann. Bezieht diese Naturwissenschaft sich auf den menschlichen Leib, so verliert der Mensch die Realität des Menschen.

Es ist sehr wirksam, wenn der Mensch sich eine kräftige Imagination dieser seiner Lage formt. Was ihm eigen ist, kann er nur dumpf empfinden; was ihm fremd ist, vertraut ihm im Erkennen nur sein materielles, totes Dasein an. Da steht der Mensch, *Mensch* dank seines Leibes, den er nicht erkennend betreten darf; sich selbst erlebt er als weit unvollkommener als der menschliche Leib, und außerhalb der Sinneseindrücke, die ihm am Rande des Leibes das Wachen schenken – schläft er ein.

Mit dem Verstand kann man dieses Empfinden leicht übertönen und alles für Phantasie erklären. Dieses Bild der menschlichen Lage *als Bild* meditiert, erregt jedoch aus sich heraus die richtigen Empfindungen, die dann nicht anders als moralisch sein können.

Moralisch ist es auch, wenn wir erleben können, dass es etwas gibt, was uns als Anhaltspunkt geblieben ist; etwas, das uns wach erhalten kann, *obwohl* die Sinne schweigen. Etwas, das in uns hereinragt, das rein geistig ist, das so entwickelt werden kann, dass es Denken und Sinn zugleich ist. Kein äußerer Sinn ist es, sondern ein innerer Sinn. Denken ist es, das auch wahrnehmen kann. Hier wird das Denken selbst zur Wahrnehmung, sowohl als ‚Sinneswerkzeug' wie auch als Wahrgenommenes. Wenn sich das Denken in sich so weit entwickelt hat, dass es in wortlosen bedeutungsschweren Begriffen walten kann, verweilen kann, dann ist es so stark geworden, dass es sich selbst schauen kann; und wenn es dann etwas gibt, was dieses Denken erfüllt, ein Moralisches, ein durchwolltes Gefühltes, dann wird auch das mit diesem inneren, neu erweckten Sinn geschaut.

Verweilt man in *diesem* Denken, so wird eine Hand vor der Stirn nicht mehr wahrgenommen. Das Denken ist vom Physischen nicht mehr zu beeinflussen, es lebt auch außerhalb des Blutes und der Atmung. Keine Pulsationen, keine Atmungen sind darin. Aber es bewegt sich, es bildet Formen, viele gleichzeitig, die kommen und gehen. Die Formen fluktuieren, sie leben, wachsen – aber *verstehen* kann man sie nicht. Sie scheinen etwas zeigen zu wollen, sagen zu wollen, aber das geistige Auge, das geistige Ohr fasst die fremden Bedeutungen noch nicht. Der geistige Mensch hat mächtige Intuitionen, er weiß, wer er ist, er hat die Fähigkeit, die ganze Schöpfung zu ergründen – aber die geistigen Sinne geben nur Bilder einer unverständlichen Welt.

Immer mehr wird klar, dass das Erleben vor allem ein Wollen ist, das das geistige Denken halten muss. Das Wollen ‚sieht' das Denken, treibt es voran, konzentriert es, erkraftet es. Was da gemacht wird, kann nur *verstanden werden* – sowohl was den eigenen geistigen Willen, als auch was die in diesen einfließenden übersinnlichen ‚Taten' betrifft –, wenn die Blickrichtung umgekehrt wird. Das Denken, die Vorstellungs*kraft*, ohne Vorstellung, muss sich *umkehren* lernen, um den Willen schauen zu können. Der übersinnliche Wille wird von geistiger Realität erfüllt und kann nur verstanden werden, wenn das Denken ihn ‚vorstellen' kann. Das kann das reine Denken nicht, es muss gelernt werden. Das Denken muss die Fähigkeit erwerben, imaginativ den Willen vorzustellen.

Doch bevor es soweit kommen kann, muss es im Willen (der im Denken darinnen ist) etwas ertragen lernen. Denn das Denken kennt nur Totes, sogar das reine Denken kommt nicht ohne weiteres darüber hinaus. Furcht vor dem Lebendigen im Willen macht eine exakte Geisteswissenschaft unmöglich. Der Mensch kennt die Furcht vor dem Tod. Sie ist jedoch etwas Abstraktes verglichen mit der Furcht vor dem realen Leben. Eine Imagination dieser beiden Arten von Furcht ist im folgenden Märchen gegeben. Nur durch ein Überwinden dieser Furcht kann man das reale Leben ertragen lernen.

Von einem, der auszog, das Fürchten zu lernen[10]

Ein Vater hatte zwei Söhne, davon war der ältere klug und gescheit und wusste sich in alles wohl zu schicken, der jüngere aber war dumm, konnte nichts begreifen und lernen, und wenn ihn die Leute sahen, sprachen sie: ‚Mit dem wird der Vater noch seine Last haben!' Wenn nun etwas zu tun war, musste es allzeit der ältere ausrichten; hieß ihn aber der Vater noch spät oder gar in der Nacht etwas holen, und der Weg ging dabei über den Kirchhof oder sonst einen schaurigen Ort, so antwortete er wohl: ‚Ach nein, Vater, ich gehe nicht dahin, es gruselt mir!' denn er fürchtete sich. Oder wenn abends beim Feuer Geschichten erzählt wurden, wobei einem die Haut schaudert, sprachen die Zuhörer manchmal: ‚Ach, es gruselt mir!' Der jüngere Sohn saß in einer Ecke, hörte das mit an und konnte nicht begreifen, was es heißen sollte. ‚Immer sagen sie: Es gruselt mir! Es gruselt mir! Mir gruselts nicht; das wird wohl auch eine Kunst sein, von der ich nichts verstehe.'

Nun geschah es, dass der Vater einmal zu ihm sprach: ‚Hör, du in der Ecke dort, du wirst groß und stark, du musst auch etwas lernen, womit du dein Brot verdienst. Siehst du, wie sich dein Bruder Mühe gibt? Aber an dir ist Hopfen und Malz verloren'. – ‚Ei Vater', antwortete er, ‚ich will gern was lernen; ja, wenns anginge, möcht ich lernen, dass mirs gruselte; davon verstehe ich noch gar nichts.' Der ältere lachte, als er das hörte, und dachte bei sich: ‚Du lieber Gott, was ist mein Bruder ein Dummbart! Aus dem wird sein Lebtag nichts; was ein Häkchen werden will, muss sich beizeiten krümmen.' Der Vater seufzte und antwortete ihm: ‚Das Gruseln, das sollst du schon lernen, aber dein Brot wirst du

[10] Märchen der Brüder Grimm

damit nicht verdienen.'

Bald danach kam der Küster zum Besuch ins Haus, da klagte ihm der Vater seine Not und erzählte, wie sein jüngerer Sohn in allen Dingen so schlecht beschlagen wäre, er wüsste nichts und lernte nichts. ‚Denkt Euch, als ich ihn fragte, womit er sein Brot verdienen wollte, hat er gar verlangt, das Gruseln zu lernen.' – ‚Wenns weiter nichts ist', antwortete der Küster, ‚das kann er bei mir lernen; tut ihn nur zu mir, ich werde ihn schon abhobeln.' Der Vater war es zufrieden, weil er dachte: ‚Der Junge wird doch ein wenig zugestutzt.' Der Küster nahm ihn also ins Haus, und er musste die Glocke läuten. Nach ein paar Tagen weckte er ihn um Mitternacht, hieß ihn aufstehen, in den Kirchturm steigen und läuten. ‚Du sollst schon lernen, was Gruseln ist', dachte er, ging heimlich voraus, und als der Junge oben war und sich umdrehte und das Glockenseil fassen wollte, sah er auf der Treppe, dem Schalloch gegenüber, eine weiße Gestalt stehen. ‚Wer da?' rief er, aber die Gestalt gab keine Antwort, regte und bewegte sich nicht. ‚Gib Antwort', rief der Junge, ‚oder mache, dass du fort kommst, du hast hier in der Nacht nichts zu schaffen!' Der Küster aber blieb unbeweglich stehen, damit der Junge glauben sollte, es wäre ein Gespenst. Der Junge rief zum zweiten Mal: ‚Was willst du hier? Sprich, wenn du ein ehrlicher Kerl bist, oder ich werfe dich die Treppe hinab!' Der Küster dachte: ‚Das wird so schlimm nicht gemeint sein', gab keinen Laut von sich und stand, als wenn er von Stein wäre. Da rief ihn der Junge zum dritten Mal an, und als das auch vergeblich war, nahm er einen Anlauf und stieß das Gespenst die Treppe hinab, dass es zehn Stufen hinabfiel und in einer Ecke liegen blieb. Darauf läutete er die Glocke, ging heim, legte sich, ohne ein Wort zu sagen, ins Bett und schlief fort. Die Küsterfrau wartete lange Zeit auf ihren Mann, aber er wollte nicht wiederkommen. Da ward ihr endlich angst, sie weckte den Jungen und fragte: ‚Weißt du nicht, wo mein Mann geblieben ist? Er ist vor dir auf den Turm gestiegen.' – ‚Nein', antwortete der Junge, ‚aber da hat einer dem Schalloch gegenüber auf der Treppe gestanden, und weil er keine Antwort geben und auch nicht weggehen wollte, habe ich ihn für einen Spitzbuben gehalten und hinuntergestoßen. Geht nur hin, so werdet Ihr sehen, ob ers gewesen ist, es sollte mir leid tun.' Die Frau sprang fort und fand ihren Mann, der in einer Ecke lag und jammerte und ein Bein gebrochen hatte.

Sie trug ihn hinab und eilte dann mit lautem Geschrei zu dem Vater des Jungen. ‚Euer Junge', rief sie, ‚hat ein großes Unglück angerichtet, meinen Mann hat er die Treppe hinabgeworfen, dass er ein Bein gebrochen hat; schafft den Taugenichts aus unserem Hause!' Der Vater erschrak, kam herbeigelaufen und schalt den Jungen aus. ‚Was sind das für gottlose Streiche? Die muss dir der Böse eingegeben haben.' – ‚Vater', antwortete er, ‚hört nur an, ich bin ganz unschuldig: er stand da in der Nacht wie einer, der Böses im Sinne hat. Ich wusste nicht, wers war, und habe ihn dreimal ermahnt, zu reden oder wegzugehen. – ‚Ach', sprach der Vater, ‚mit dir erleb ich nur Unglück, geh mir aus den Augen, ich will dich nicht mehr ansehen!' – ‚Ja, Vater, recht gern, wartet nur, bis es Tag ist, da will ich ausgehen und das Gruseln lernen, so versteh ich doch eine Kunst, die mich ernähren kann.' – ‚Lerne, was du willst', sprach der Vater, ‚mir ist alles einerlei. Da hast du fünfzig Taler, damit geh in die weite Welt und sage keinem Menschen, wo du her bist und wer dein Vater ist, denn ich muss mich deiner schämen.' – ‚Ja, Vater, wie Ihrs haben wollt; wenn Ihr nicht mehr verlangt, das kann ich leicht in acht behalten.'

Als nun der Tag anbrach, steckte der Junge seine fünfzig Taler in die Tasche, ging hinaus auf die große Landstraße und sprach immer vor sich hin: ‚Wenn mirs nur gruselte! Wenn mirs nur gruselte!' Da kam ein Mann heran, der hörte das Gespräch, das der Junge mit sich selber führte, und als sie ein Stück weiter waren, dass man den Galgen sehen konnte, sagte der Mann zu ihm: ‚Siehst du, dort ist der Baum, wo siebene mit des Seilers Tochter Hochzeit gehalten haben und jetzt das Fliegen lernen, setz dich darunter und warte, bis die Nacht kommt, so wirst du schon das Gruseln lernen.' – ‚Wenn weiter nichts dazu gehört', antwortete der Junge, ‚das ist leicht getan. Lerne ich aber so geschwind das Gruseln, so sollst du meine fünfzig Taler haben; komm nur morgen früh wieder zu mir.' Da ging der Junge zu dem Galgen, setzte sich darunter und wartete, bis der Abend kam. Und weil ihn fror, machte er sich ein Feuer an; aber um Mitternacht ging der Wind so kalt, dass er trotz des Feuers nicht warm werden wollte. Und als der Wind die Gehenkten gegeneinander stieß, dass sie sich hin und her bewegten, dachte er: ‚Du frierst unten bei dem Feuer, was mögen die da oben erst frieren und zappeln.' Und weil er mitleidig war, legte er die Leiter an, stieg hinauf, knüpfte einen nach dem andern los und holte sie alle siebene herab. Darauf schürte er das Feuer, blies es an und setzte sie ringsherum, dass sie sich wärmen sollten. Aber sie saßen da und regten sich nicht, und das Feuer ergriff ihre Kleider. Da sprach er: ‚Nehmt euch in acht, sonst häng ich euch wieder hinauf.' Die Toten aber hörten nicht, schwiegen und ließen ihre Lumpen fortbrennen. Da ward er böse und sprach: ‚Wenn ihr nicht achtgeben wollt, so kann ich euch nicht helfen, ich will nicht mit euch verbrennen', und hing sie nach der Reihe wieder hinauf. Nun setzte er sich zu seinem Feuer und schlief ein, und am andern Morgen, da kam der Mann zu ihm, wollte die fünfzig Taler haben und sprach: ‚Nun, weißt du jetzt, was Gruseln ist?' – ‚Nein', antwortete er, ‚woher sollt ichs wissen? Die da droben haben das Maul nicht aufgetan und waren so dumm, dass sie die paar alten Lappen, die sie am Leibe haben, brennen ließen.' Da sah der

Mann, dass er die fünfzig Taler heute nicht davontragen würde, ging fort und sprach: ‚So einer ist mir noch nicht vorgekommen.'

Der Junge ging auch seines Wegs und fing wieder an, vor sich hin zu reden: ‚Ach, wenn mirs nur gruselte! Ach, wenn mirs nur gruselte!' Das hörte ein Fuhrmann, der hinter ihm herschritt, und fragte: ‚Wer bist du?' – ‚Ich weiß nicht', antwortete der Junge. Der Fuhrmann fragte weiter: ‚Wo bist du her?' – ‚Ich weiß nicht.' – ‚Wer ist dein Vater?' – ‚Das darf ich nicht sagen.' – ‚Was brummst du beständig in den Bart hinein?' – ‚Ei', antwortete der Junge, ‚ich wollte, dass mirs gruselte, aber niemand kann michs lehren.' – ‚Lass dein dummes Geschwätz', sprach der Fuhrmann, ‚komm, geh mit mir, ich will sehen, dass ich dich unterbringe.' Der Junge ging mit dem Fuhrmann, und abends gelangten sie zu einem Wirtshause, wo sie übernachten wollten. Da sprach er beim Eintritt in die Stube wieder ganz laut: ‚Wenn mirs nur gruselte! Wenn mirs nur gruselte!' Der Wirt, der das hörte, lachte und sprach: ‚Wenn dich danach lüstet, dazu sollte hier wohl Gelegenheit sein.' – ‚Ach, schweig stille', sprach die Wirtsfrau, ‚so mancher Vorwitzige hat schon sein Leben eingebüßt; es wäre jammerschade um die schönen Augen, wenn die das Tageslicht nicht wieder sehen sollten.' Der Junge aber sagte: ‚Wenns noch so schwer wäre, ich wills einmal lernen, deshalb bin ich ja ausgezogen.' Er ließ dem Wirt auch keine Ruhe, bis dieser erzählte, nicht weit davon stünde ein verwünschtes Schloss, wo einer wohl lernen könnte, was Gruseln wäre, wenn er nur drei Nächte darin wachen wollte. Der König hätte dem, ders wagen wollte, seine Tochter zur Frau versprochen, und die wäre die schönste Jungfrau, die die Sonne beschien; in dem Schlosse steckten auch große Schätze, von bösen Geistern bewacht, die würden dann frei und könnten einen Armen reich genug machen. Schon viele wären wohl hinein, aber noch keiner wieder herausgekommen. Da ging der Junge am andern Morgen vor den König und sprach: ‚Wenns erlaubt wäre, so wollte ich wohl drei Nächte in dem verwünschten Schlosse wachen.' Der König sah ihn an, und weil er ihm gefiel, sprach er: ‚Du darfst dir noch dreierlei ausbitten, aber es müssen leblose Dinge sein, und die darfst du mit ins Schloss nehmen.' Da antwortete er: ‚So bitt ich um ein Feuer, eine Drehbank und eine Schnitzbank mit dem Messer.'

Der König ließ ihm das alles bei Tage in das Schloss tragen. Als es Nacht werden wollte, ging der Junge hinauf, machte sich in einer Kammer ein helles Feuer an, stellte die Schnitzbank mit dem Messer daneben und setzte sich auf die Drehbank. ‚Ach, wenn mirs nur gruselte!' sprach er, ‚aber hier werde ichs auch nicht lernen.' Gegen Mitternacht wollte er sich sein Feuer einmal aufschüren, und wie er so hineinblies, da schries plötzlich aus einer Ecke: ‚Au, miau! Was uns friert!' – ‚Ihr Narren', rief er, ‚was schreit ihr? Wenn euch friert, so kommt, setzt euch ans Feuer und wärmt euch.' Und wie er das gesagt hatte, kamen zwei große schwarze Katzen in einem gewaltigen Sprunge herbei, setzten sich ihm zu beiden Seiten und sahen ihn mit ihren feurigen Augen ganz wild an. Über ein Weilchen, als sie sich gewärmt hatten, sprachen sie: ‚Kamerad, wollen wir ein wenig Karten spielen?' – ‚Warum nicht?' antwortete er, ‚aber zeigt einmal eure Pfoten her.' Da streckten sie die Krallen aus. ‚Ei', sagte er, ‚was habt ihr lange Nägel! Wartet, die muss ich euch erst abschneiden. Damit packte er sie beim Kragen, hob sie auf die Schnitzbank und schraubte ihnen die Pfoten fest. ‚Euch habe ich auf die Finger gesehen', sprach er, ‚da vergeht mir die Lust zum Kartenspiel', schlug sie tot und warf sie hinaus ins Wasser. Als er aber die zwei zur Ruhe gebracht hatte und sich wieder zu seinem Feuer setzen wollte, da kamen aus allen Ecken und Enden schwarze Katzen und schwarze Hunde an glühenden Ketten, immer mehr und mehr, dass er sich nicht mehr bergen konnte; die schrien greulich, traten ihm auf sein Feuer, zerrten es auseinander und wollten es ausmachen. Das sah er ein Weilchen ruhig mit an; als es ihm aber zu arg wurde, fasste er sein Schnitzmesser und rief: ‚Fort mit euch, ihr Gesindel!' und hieb auf sie los. Ein Teil sprang weg, die andern schlug er tot und warf sie hinaus in den Teich. Als er zurückgekommen war, blies er aus den Funken sein Feuer frisch an und wärmte sich. Und als er so dasaß, wollten ihm die Augen nicht länger offen bleiben, und er bekam Lust zu schlafen. Da blickte er um sich und sah in der Ecke ein großes Bett. ‚Das ist mir eben recht', sprach er und legte sich hinein. Als er aber die Augen zutun wollte, fing das Bett von selbst an zu fahren und fuhr im ganzen Schloss herum. ‚Recht so', sprach er, ‚nur besser zu!' Da rollte das Bett fort, als wären sechs Pferde vorgespannt, über Schwellen und Treppen auf und ab; auf einmal hopp, hopp! warf es um, das Unterste zuoberst, dass es wie ein Berg auf ihm lag. Aber er schleuderte Decken und Kissen in die Höhe, stieg hinaus und sagte: ‚Nun mag fahren, wer Lust hat', legte sich an sein Feuer und schlief, bis es Tag war.

Am Morgen kam der König, und als er ihn da auf der Erde liegen sah, meinte er, die Gespenster hätten ihn umgebracht, und er wäre tot. Da sprach er: ‚Es ist doch schade um den schönen Menschen!' Das hörte der Junge, richtete sich auf und sprach: ‚So weit ists noch nicht!' Da verwunderte sich der König, freute sich aber und fragte, wie es ihm gegangen wäre. ‚Recht gut', antwortete er, ‚eine Nacht wäre herum, die zwei andern werden auch herumgehen.' Und als er zum Wirt kam, machte der große Augen. ‚Ich dachte nicht', sprach er, ‚dass ich dich lebendig wiedersehen würde; hast du nun gelernt, was Gruseln ist?' ‚Nein', sagte er, ‚es ist alles vergeblich, wenn mirs nur einer sagen könnte!'

Die zweite Nacht ging er abermals hinauf ins alte Schloss, setzte sich zum Feuer und fing sein altes Lied wieder an: ‚Wenn mirs nur gruselte!' Wie Mitternacht herankam, ließ sich ein Lärm und Gepolter hören, erst sachte, dann immer stärker, dann wars ein bisschen still, endlich kam mit lautem Geschrei ein halber Mensch den Schornstein herab und fiel vor ihm hin. ‚Heda!' rief er, ‚noch ein halber gehört dazu, das ist zu wenig. Da ging der Lärm von frischem an, es tobte und heulte, und die andere Hälfte fiel auch herab. ‚Wart', sprach er, ‚ich will dir erst das Feuer ein wenig anblasen.' Wie er das getan hatte und sich wieder umsah, da waren die beiden Stücke zusammengefahren, und saß da ein greulicher Mann auf seinem Platze. ‚So haben wir nicht gewettet', sprach der Junge, ‚die Bank ist mein.' Der Mann wollte ihn wegdrängen, aber der Junge ließ sichs nicht gefallen, schob ihn mit Gewalt weg und setzte sich wieder auf seinen Platz. Da fielen noch mehr Männer herab, einer nach dem andern, die holten neun Totenbeine und zwei Totenköpfe, setzten auf und spielten Kegel. Der Junge bekam auch Lust und fragte: ‚Hört ihr, kann ich mittun?' – ‚Ja, wenn du Geld hast.' – ‚Geld genug', antwortete er, ‚aber eure Kugeln sind nicht recht rund.' Da nahm er die Totenköpfe, setzte sie in die Drehbank und drehte sie rund. ‚So, jetzt werden sie besser schüppeln', sprach er, ‚heida! nun gehts lustig!' Er spielte mit und verlor etwas von seinem Gelde, als es aber zwölf schlug, war alles vor seinen Augen verschwunden. Er legte sich nieder und schlief ruhig ein.

Am andern Morgen kam der König und wollte sich erkundigen. ‚Wie ist dirs diesmal gegangen?' fragte er. – ‚Ich habe gekegelt', antwortete der Junge, ‚und ein paar Heller verloren.' – ‚Hat dir denn nicht gegruselt?' – ‚Ei was', sprach er, ‚lustig hab ich mich gemacht. Wenn ich nur wüsste, was Gruseln wäre!'

In der dritten Nacht setzte er sich wieder auf seine Bank und sprach ganz verdrießlich: ‚Wenn mirs nur gruselte!' Als es spät wurde, kamen sechs große Männer und brachten eine Totenlade hereingetragen. Da sprach er: ‚Ha ha, das ist gewiss mein Vetterchen, das erst vor ein paar Tagen gestorben ist', winkte mit dem Finger und rief: ‚Komm, Vetterchen, komm!' Sie stellten den Sarg auf die Erde, er aber ging hinzu und nahm den Deckel ab: da lag ein toter Mann darin. Er fühlte ihm ins Gesicht, aber es war kalt wie Eis. ‚Wart', sprach er, ‚ich will dich ein bisschen wärmen', ging ans Feuer, wärmte seine Hand und legte sie ihm aufs Gesicht; aber der Tote blieb kalt. Nun nahm er ihn heraus und setzte sich ans Feuer, legte ihn auf seinen Schoß und rieb ihm die Arme, damit das Blut wieder in Bewegung kommen sollte. Als auch das nichts helfen wollte, fiel ihm ein: wenn zwei zusammen im Bette liegen, so wärmen sie sich, brachte ihn ins Bett, deckte ihn zu und legte sich neben ihn. Über ein Weilchen wurde auch der Tote warm und fing an, sich zu regen. Da sprach der Junge: ‚Siehst du, Vetterchen, hätt ich dich nicht gewärmt!' Der Tote aber hob an und rief: ‚Jetzt will ich dich erwürgen.' – ‚Was', sagte der Junge, ‚ist das der Dank? Gleich sollst du wieder in deinen Sarg!', hob ihn auf, warf ihn hinein und machte den Deckel zu. Da kamen die sechs Männer und trugen ihn wieder fort. ‚Es will mir nicht gruseln', sagte er, ‚hier lerne ichs mein Lebtag nicht.'

Da trat ein Mann herein, der war größer als alle andern, und sah fürchterlich aus; er war aber alt und hatte einen langen, weißen Bart. ‚O du Wicht', rief er, ‚nun sollst du bald lernen, was Gruseln ist, denn du sollst sterben!' – ‚Nicht so schnell', antwortete der Junge, ‚soll ich sterben, so muss ich auch dabei sein.' – ‚Dich will ich schon packen', sprach der Unhold. – ‚Sachte, sachte, mach dich nicht so breit; so stark wie du bin ich auch und wohl noch stärker.' – ‚Das wollen wir sehen', sprach der Alte, ‚bist du stärker als ich, so will ich dich gehen lassen; komm, wir wollens versuchen!' Da führte er ihn durch dunkle Gänge zu einem Schmiedefeuer, nahm eine Axt und schlug den einen Amboss mit einem Schlage in die Erde. ‚Das kann ich noch besser', sprach der Junge und ging zu dem andern Amboss; der Alte stellte sich nebenbei und wollte zusehen, und sein weißer Bart hing herab. Da fasste der Junge die Axt, spaltete den Amboss auf einen Hieb und klemmte den Bart des Alten mit hinein ‚Nun hab ich dich', sprach der Junge, ‚jetzt ist das Sterben an dir!' Dann fasste er eine Eisenstange und schlug auf den Alten los, bis er wimmerte und bat, er möchte aufhören, er wolle ihm große Reichtümer geben. Der Junge zog die Axt heraus und ließ ihn los. Da führte ihn der Alte wieder ins Schloss zurück und zeigte ihm in einem Keller drei Kasten voll Gold. ‚Davon', sprach er, ‚ist ein Teil den Armen, der andere dem König, der dritte dein.' Indem schlug es zwölfe, und der Geist verschwand, also dass der Junge im Finstern stand. ‚Ich werde mir doch hinaushelfen können', sprach er, tappte herum, fand den Weg in die Kammer und schlief dort bei seinem Feuer ein.

Am andern Morgen kam der König und sagte: ‚Nun wirst du gelernt haben, was Gruseln ist?' – ‚Nein', antwortete er, ‚was ists nur? Mein toter Vetter war da, und ein bärtiger Mann ist gekommen, der hat mir da unten viel Gold gezeigt, aber was Gruseln ist, hat mir keiner gesagt.' Da sprach der König: ‚Du hast das Schloss erlöst und sollst meine Tochter heiraten.' – ‚Das ist alles recht gut', antwortete der Junge, ‚aber ich weiß noch immer nicht, was Gruseln ist.'

Das Gold wurde nun heraufgebracht und die Hochzeit gefeiert, aber der junge König, so lieb er seine Gemahlin hatte und so vergnügt er war, sagte doch immer: ‚Wenn mir nur gruselte, wenn mir nur gruselte.' Das verdross sie endlich. Ihr Kammermädchen sprach: ‚Ich will Hilfe schaffen, das Gruseln soll er schon lernen.' Und sie ging hinaus zum Bach, der durch den Garten floss, und ließ sich einen ganzen Eimer voll Gründlinge holen. Nachts, als der junge König schlief, musste ihm seine Gemahlin die Decke wegziehen und den Eimer voll kalt Wasser mit den Gründlingen über ihn herschütten, dass die kleinen Fische um ihn herum zappelten. Da wachte er auf und rief: ‚Ach, was gruselt mir, was gruselt mir, liebe Frau! Ja, nun weiß ich, was Gruseln ist.'

In der Natur kann man dieses Gruseln auch lernen, wenn man die Abdrücke des Lebendigen im Physischen anschaut, erlebend anschaut. Vor allem dort, wo im Stoff regelmäßige Formen des Lebendigen sichtbar sind, kann man ein solches Gruseln empfinden. Ein Spinnennetz, eine Honigwabe, ein genauer Abdruck eines Blattes in einem Stein.

Eine andere Art, dieses Gruseln zu erlernen, ist, mit dem bildhaften Vorstellen die verschiedenen Stadien in der menschlichen Embryologie zu verfolgen, zum Beispiel anhand von Zeichnungen.[11] Solange der tote Verstand überschattend wirkt, bemerkt man kein Gruseln. Es muss ein reines Vorstellen entfaltet werden, empfindungsreich und willensstark. Dieses ‚Gruseln' ist es eigentlich, was man *Ehrfurcht* nennen könnte. Die Nüchternheit, die Abstraktion schweigt, und man erfüllt sich mit den Kräften, die bis in das Mineralreich hinein gestaltend wirken. Nur moralisch durchdrungenes Vorstellen führt zum Erahnen des Lebendigen. Man fühlt, wie der eigene Ätherleib vibriert – so, dass das Leben *erlebt* wird. Schockierend ist es,

[11] z.B.: Jan Langman, Medizinische Embryologie, Thieme Verlag.

ergreifend, rührend. Man kann nicht abstrakt außerhalb bleiben, man lebt intensiv *mit.* Wir begeben uns in die Nähe des Rätsels unseres Zeitalters. In einem Briefwechsel finden wir darüber das Folgende:[12]

‚Am 14. November 1903 schrieb Günther Wagner aus Lugano, der diesen Vortrag gehört hatte, an Rudolf Steiner folgendes:

‚… Lieb wäre es mir, wenn Sie mir eine spezielle Auskunft geben möchten: Die Andeutung über ein Rätsel, das jede Rasse zu lösen habe, war mir vollständig neu; in der ‚Secret Doctrine' habe ich nichts darüber gefunden. Würden Sie mir die vier Rätsel nennen können, die die vier ersten Rassen (anscheinend doch) gelöst haben? Auch H.P.B.s Andeutung darüber würde ich gern lesen, vielleicht geben Sie mir die genaue Stelle an.'

Rudolf Steiner antwortete ihm am 24. Dezember 1903:

Verehrter lieber Herr Wagner!

Seite 73 der (deutschen Ausgabe) ‚Geheimlehre' steht mit Bezug auf Strophe 1,6 (Dzyan): ‚Von den sieben Wahrheiten oder Offenbarungen sind uns bloß vier ausgehändigt, da wir noch in der vierten Runde sind.' – Ich habe nun – als Sie in Berlin waren – im Sinne einer gewissen okkulten Tradition darauf hingedeutet, daß die vierte der oben gemeinten sieben Wahrheiten zurückgeht auf sieben esoterische Wurzelwahrheiten, und daß von diesen

---

[12] Rudolf Steiner, Die astrale Welt und das Devachan, GA 88, S. 193 ff.

sieben Teilwahrheiten (die vierte als das Ganze betrachtet) jeder Rasse eine – in der Regel – ausgeliefert wird. Die fünfte wird ganz offenbart werden, wenn die fünfte Rasse ihr Entwickelungsziel erreicht haben wird. Nun möchte ich Ihrer Frage entsprechen, so gut ich es kann. Gegenwärtig liegt die Sache so, daß die vier ersten Teilwahrheiten Meditationssätze für die Aspiranten der Mysterien bilden und daß nichts weiter gegeben werden kann als diese (symbolischen) Meditationssätze. Aus ihnen geht dann für den Meditierenden auf okkultem Wege manches Höhere hervor. Ich setze also die vier Meditationssätze – in deutsche Sprache aus der symbolischen Zeichensprache übertragen – hierher:

I. *Sinne nach:* wie der Punkt zur Sphäre wird und doch er selbst bleibt. Hast du erfaßt, wie die unendliche Sphäre doch nur Punkt ist, dann komme wieder, denn dann wird dir Unendliches in Endliches scheinen.

II. *Sinne nach:* wie das Samenkorn zur Ähre wird, und dann komme wieder, denn dann hast du erfaßt, wie das Lebendige in der *Zahl* lebt.

III. *Sinne nach*: wie das Licht sich nach der Dunkelheit, die Hitze nach der Kälte, wie das Männliche nach dem Weiblichen sich sehnt, dann komme wieder, denn dann hast du erfaßt, welches Antlitz dir der große Drache an der Schwelle weisen wird.

IV. *Sinne nach:* wie man in fremdem Hause die Gastfreundschaft genießt, dann komme wieder, denn dann hast du erfaßt, was dem bevorsteht, der die Sonne um Mitternacht sieht.

Nun ergibt sich, wenn die Meditation fruchtbar war, aus den vier Geheimnissen das fünfte. Lassen Sie mich vorläufig nur so viel sagen, daß die Theosophie – die Teil-Theosophie, die etwa in der ‚Geheimlehre' und ihrer Esoterik liegt – eine Summe von Teilwahrheiten des fünften ist. […]

Ich kann Ihnen nur die Versicherung geben, in dem Satze Kuthumis,Wenn die Wissenschaft gelernt haben wird, wie Eindrücke von Blättern ursprünglich auf Steinen zustande kommen…', in diesem Satze liegt fast das ganze fünfte Geheimnis auf okkulte Weise verborgen.

Das ist alles, was ich zunächst *über Ihre Fragen zu sagen vermag. Weiteres vielleicht auf weitere Fragen.*

Die vier obigen Sätze sind das, was man lebendige Sätze nennt, d.h. sie keimen *während der Meditation und es wachsen aus ihnen Sprossen der Erkenntnis.'*

Dieses Erlebnis – oder ein ähnliches – müssen wir haben, um unsere geistigen Intuitionen in Vorstellungen kleiden zu können, damit sie zur Erkenntnis, zur Geisteswissenschaft werden können. Hier haben wir die Wirksamkeit des Lebendigen unmittelbar als sinnliche Wahrnehmung vor uns, und wenn wir sie tief in uns hineinnehmen können, bewirkt sie die Ehrfurcht vor dem Lebendigen, als reale Ahnung der gestaltenden Lebenskraft.

Wenn wir die gewöhnliche sinnliche Wahrnehmung in der Natur so tief, gedankenfrei, in uns aufnehmen können, so bewirkt dies meistens nicht viel Übersinnlich-Erlebbares. Um der Deutlichkeit willen soll noch einmal betont werden: Die Wahrnehmungsübungen, die hier beschrieben werden, gründen sich auf die Fähigkeit des reinen geistigen Kraftdenkens, des beweglichen Formdenkens: Das Denken wird so erkraftet – durch Meditation und durch immer kräftigeres Denken im Sinnlichkeitsfreien –, dass es sich über Zeit und Raum kräftig erheben kann. Der Inhalt wird in Kraft verwandelt und bewegt sich formend, als Form. Dieses bewegliche Formdenken trägt man in seinem geistigen Tun, und zugleich schaut man sinnlich einen Abdruck des Lebendigen im Physischen an. Je komplizierter, je geordneter dieses Lebendige ist, desto stärker wird die Ehrfurcht erregt. Und diese braucht man, um weiterforschen zu können.

Dieses Gruseln, das Empfinden des realen Lebendigen, geschieht mit dem übersinnlichen Willen, und jetzt lernt das Denken, sich dieses Wahrgenommene imaginativ vorzustellen. Die Reaktion des Willens auf die äußere Wahrnehmung wird selbst wahrnehmbar, und es ist das reine Denken, was dies schaut. Dann aber wird dieses Denken zugleich zu etwas anderem, es wird *durchleuchtetes Auge* für die Geschehnisse im Willensbereich.

Man sollte die Entwicklung dieses durchleuchteten Auges noch mit anderen moralischen Übungen unterstützen. Rudolf Steiner hat eine ‚universelle' Meditation angegeben; eine, die für alle Menschen wirksam und heilsam sein wird, wenn sie sie täglich formen und dann darin verweilen wollen. Es ist die Meditation des Rosenkreuzes. Man findet sie in Rudolf Steiners ‚Geheimwissenschaft im Umriss' beschrieben.[13] Das Beste ist, beim Meister des Abendlandes selbst die Anleitung zu dieser Meditation zu lesen und ihr zu folgen. Es ist ein Sinnbild, das da gegeben wird. Ein Bild, das man anschaulich denkend formen soll, im Hintergrund oder hindurchwebend der Sinn. Kurz zusammengefasst: Der Sinn ist die Überwindung des Egoismus, das Läutern der Bewegungsmöglichkeit, des Begehrens, der Bildempfindungen – das sind die seelischen Tätigkeiten, Wollen, Fühlen und Wahrnehmen, die auch das Tier hat, in anderer Form. Dieses schwarze hölzerne Kreuz mit den sieben roten Rosen im Kreuzungspunkt wird also durch die Bedeutung der Läuterung des astralischen Leibes, der Seele durchwoben. Diese Bedeutung wird immer wieder und wieder zuerst ausführlich durchdacht und gefühlt, dann in das Sinnbild hinübergeführt.

Das ist eine mühsame Tätigkeit; die Seele, die egoistische Seite, mag es gar nicht, sich damit zu beschäftigen. Aber gerade das fortwährend wiederholte Überwinden der Widerstände durch die aufgebrachte Mühe ist es, worauf es ankommt. Dieses Überwinden ist *selbst* die Läuterung der Seele. Und so kommt die Zeit, wo das Bild nicht mehr nur Gedanken-Empfindungsbild bleibt. Es wird zum Gefäß, das Wirkungen empfängt. Die geistige moralische Welt wird von ihm angezogen, und das Sinnbild erfüllt sich mit Moralität.

Dann aber kommt es sehr darauf an, dass man diese Erfüllung als etwas Reales erleben lernt. Dass man sich

---

[13] Rudolf Steiner, Die Geheimwissenschaft im Umriß, GA 13, S. 309ff.

vorstellt, dass es *geistige Wesen* sind, die diese Erfüllung bringen. Man braucht diese Wesen noch lange nicht zu schauen, die *Vorstellung*, die Bewusstwerdung genügt.

Hat die meditierende Seele dann auf der anderen Seite die oben beschriebene ‚unvorstellbare' Intuition, wird sie – die Intuition – durch die geistigen Wesen in die vorstellbare Rosenkreuz-Imagination hineingetragen. Diese kann sich dann in andere Bilder verwandeln und die Intuition anschaulich machen.

Wie weit man kommt, hängt selbstverständlich unmittelbar damit zusammen, wieviel Arbeit man in Bezug auf die Läuterung seiner Seele – auch in früheren Verkörperungen – schon geleistet hat. Wer jedoch nie anfängt, kommt nie zur Geisteswissenschaft. Die Naturwissenschaft erfordert einen guten Intellekt, dieser kann auch ohne weiteres amoralisch sein. Die Geisteswissenschaft kann *nur* mit der moralischen Intelligenz betrieben werden.

Der moderne Mensch – auch derjenige, der Spiritualität sucht – möchte nichts mehr von Läuterung, Heiligung usw. hören. Er will innerhalb seiner Seelenfähigkeiten streben, wie sie ihm natürlicherweise gegeben sind. ‚Der Egoismus kann am besten durch Zusammenarbeit überwunden werden', sagt er. ‚Da wird die Arbeit durch die sich hingebende Aufmerksamkeit für die Leistungen der anderen selbstlos.' Das wäre sicher eine Wahrheit, wenn der Mensch ohne innere Arbeit dazu imstande wäre. Ein einzelner Mensch, der schon mit einer reinen Seele geboren wurde, wird das auch wirklich können. Im übrigen aber wird es nur ein ‚kommunikatives Handeln' werden, in dem sich die Teilnehmer über ‚propositionelle Wahrheit, Authentizität und normative Richtigkeit' (Habermas) verständigen. In anthroposophischen Kreisen kann man andere Worte wählen, de facto ist derselbe Prozess wirksam. Natürliche Fähigkeiten und Mängel, aus einer Vergangenheit kommend und unerkannt, unbewusst und unverwandelt bleibend, halten den ganzen Prozess im Untermenschlichen, und auf diesem Felde lässt sich keine Selbstlosigkeit entwickeln, sie gehört dort auch gar nicht hin. Auf diesem Felde braucht man eher Durchsetzungsfähigkeit, sogar eine Art Kampfbereitschaft; es ist mehr eine sportliche Tätigkeit als ein Weg zur Überwindung des Egoismus. Die wirklich reine Seele will in einem solchen Zusammenhang am liebsten eigentlich nur schweigen; sie muss schon wiederum eine Ebene höher gestiegen sein, zur übermenschlichen, michaelischen Höhe, um in einer solchen Gruppe etwas äußern zu können.

Also ist nur innere Arbeit geeignet, um zur Läuterung der Seele zu kommen. Das Sich-Erheben zum reinen geistigen Denken und Wollen ist ein Schritt auf diesem Weg. Die Meditation des Rosenkreuzes ist es. Und im Werk Rudolf Steiners gibt es noch viele andere Anweisungen. Wenn man sich nicht durch ganz direkte Entwicklung des reinen Denkens und Wollens – und so auch im Zusammenfluss: des Fühlens – zur menschlichen Ebene erhebt, braucht man neben den imaginativen Übungen auch die ‚Nebenübungen'. Diese findet man ausführlich in den Büchern von Rudolf

Steiner beschrieben.[14]

Das Allerwichtigste, was der Mensch prüfen muss – immer und immer wieder –, ist, ob er sich über die Unternatur, über die Natur, auf die Ebene des rein Menschlichen erhoben hat. Das reine Denken ist da heiliges Begreifen, es ist von dem moralischen Willen, der ‚von oben' kommt, durchdrungen, ist eins damit. Der Mensch findet da ein Hypomochlion, einen Gleichgewichtspunkt, wo er das rein Menschliche repräsentieren kann. Nach ‚oben' öffnet der menschliche Geist sich der übermenschlichen geistigen Welt; nach ‚unten' öffnet der menschliche Geist sich zum menschlichen Leibe hin, in dem er die Tore entdeckt, wo der Hüter steht, der allmählich davon ‚überzeugt' wird, dass er dem reinen menschlichen Geist erkennend Einlass geben kann.

In dem reinen wollenden Denken empfängt der Mensch reale übersinnliche Kräfte, die er immer mehr erkennen lernt. Steht er mit diesem Denken am Rande eines Weizenackers, so wird er selbst ganz Kraft, die er als Wachstumskraft erkennt. Das blasse, tote Denken ist überwunden, die Welt erweist sich als von Leben erfüllt. Sowohl nach außen wie auch nach innen, nach oben und unten ist Leben, ist Wachstum. Die Kräfte sind zwar noch ungestaltet, sie geben jedoch die Sicherheit des lebendigen *Seins*, einer Realität, die man bisher noch nie empfunden hat. Das Bildhafte des Bewusstseins hat sich in ein *Seinshaftes* verwandelt.

---

[14] Rudolf Steiner, Wie erlangt man Erkenntnisse der höheren Welten? GA 10. Rudolf Steiner, Anweisungen für eine esoterische Schulung, GA 245.

WIE MAN ERKENNEND IN DEN REALEN MENSCHLICHEN LEIB HINEINKOMMT

Den folgenden Betrachtungen liegt die Selbsterkenntnis des Denkens, Fühlens und Wollens zugrunde. Ich habe diese Untersuchungen des Denkens, Fühlens und Wollens, wie ich sie selbst gemacht habe, in meinen Büchern ausführlich beschrieben, sie gehen immer von den Anweisungen Rudolf Steiners aus.[15]

Um die folgenden Untersuchungen selbst tätig mitmachen zu können, braucht der Forscher diese tiefgründigen lebendigen Erkenntnisse der eigenen Seelenkräfte. Der Leser aber braucht sie nicht unbedingt erlangt zu haben. Allen realen lebendigen Erkenntnissen gehen die *Vorstellungen* von diesen voraus. Man kann sich die Forschungen sehr wohl vorstellen, und durch das kräftige Vorstellen können sie allmählich zur Wirklichkeit werden. Und dies scheint mir die wichtigste Aufgabe unserer Zeit zu sein: dass immer mehr Menschen *selbst* die Fähigkeit erlangen, das Lebendige zu schauen, sich bewusst damit zu erfüllen, sich zum wahren Mensch-Sein zu erheben. Die Vorstellungen müssen jedoch in der Meditation verstärkt werden, sonst haben sie überhaupt keine Existenz. Vorstellungen im toten Denken fallen wie welkende Blätter vom lebendigen Baum. Die

---

[15] Mieke Mosmuller, Suche das Licht, das im Abendlande aufgeht (1994). Der Heilige Gral (2007). Eine Klasse voller Engel (2009). Das Tor zur geistigen Welt (2010). Meditation (2010).

Vorstellungen muss man verzögern, verlangsamen, in ihnen innehalten, sie verstärken, ihnen folgen, sie real machen. Dann erlangt man allmählich selbst die Wachstumskräfte, die die ‚Vorstellungsblätter' am Leben erhalten. Fallen sie dann ab, bleibt jenes Leben, der eigentliche Inhalt der Vorstellung.

Alles, was hier beschrieben wird, ist Frucht einer solchen meditativen vorstellenden Tätigkeit anhand von Büchern und Vorträgen Rudolf Steiners. Einerseits ist diese Frucht nur ganz klein, verglichen mit dem Baum, von dem sie stammt. Andererseits trägt sie in sich lebendige Kraft, die auch den Baum gestaltete, und damit auch die Entwicklungskraft. Unsere Zeit gibt Fähigkeiten, die – trotz aller Unfähigkeiten – zum Weiterwachsen der Geisteswissenschaft führen können, wie bescheiden auch immer. Die Bücher und Vortragsreihen, die diese Frucht im besonderen hervorgebracht haben, findet der Leser am Ende der Darstellungen.

Der Anfang liegt also in der Fähigkeit, sein Denken, Fühlen und Wollen gesondert zu erkennen und zu erleben. Man erlangt dann irgendwann einmal das reine Denken, das reine Wollen, das reine Fühlen. Eine moralisch durchzogene Erkenntnisfähigkeit ist erstanden, ein Willens-Denkgewebe, das aus der Wahrheit selbst gewoben ist. In das reine Denken, das noch zur Bewusstseinsseele gehört, strömt das Geistselbst ein. Für diese Augenblicke fühlt sich der Geistesschüler vom Heiligen Geist berührt.

Aber man hat die Erinnerung daran, dass es einen

physischen Leib gibt, den man noch als Kraftgebilde empfindet, der sich jedoch scheinbar nicht weiter erkennen lassen will. Wenn der untersuchende Geist im irdischen Leben Arzt ist, so bleibt auch die Erinnerung an spezifische Erkenntnisse vom physischen Leib. Nicht als wirklicher Inhalt ist sie da, sondern als eine Art Extrakt im Empfinden. Und dieses Ganze stimmt sehr traurig, weil es als eine Art kümmerliches Endprodukt erlebt wird. Denn man hat zugleich eine Ahnung einer vergangenen Herrlichkeit, die nicht mehr da ist, aber dennoch dem Leib zugrunde liegt. In diesem Augenblick erfährt der Untersuchende zum ersten Mal durch und durch, was Materialität eigentlich ist. Der physische Leib erscheint nicht nur physisch, er erscheint vereinzelt, verkleinert, verzerrt und vereinsamt, ein Exemplar, das dürr und öde ist, dem Tode geweiht. Trotz alledem ist dieser physische Leib viel mächtiger, viel großartiger, auch viel menschlicher als derjenige, der man selbst ist und der nicht erkennend hinein kann. Und aus diesen zwei Erlebnissen heraus empfindet die untersuchende Seele, dass sie es selbst ist, die den Leib so degeneriert hat. Sie selbst trägt diese abbauenden, schrumpfenden, tötenden, materialisierenden Kräfte in sich, und beim Berühren des heiligen Leibes wird dieser gleichsam angefressen. Zwar gibt es auch eine lebendige Wachstumskraft, durch die der Abbau wieder geheilt wird – aber nie ganz...

Es wird eine tiefe Sehnsucht bewusst, die sich zur doppelten Frage gestaltet: Kann der Leib geheilt werden, so dass er wieder dem göttlichen Ursprung gleichen kann? Gibt es einen Weg, sich erkennend in den Leib hineinzubegeben? Würde man da nicht die höchste, edelste Form der bildenden Lebenskräfte in Tätigkeit finden?

Wenn man dieses innig Eigene, das der eigene Leib ist, so erkennend und objektiv betreten könnte, dass man die bildenden Kräfte und Geschehnisse und Wesen kennenlernen könnte, so hätte man auch die ganze Schöpfung in ihren Bildekräften kennengelernt. Denn der Mensch ist ja im Kleinen, was die ganze Schöpfung im Großen ist.

Und wenn der Heilige Geist beim Erkennen der Führer sein würde, würde dann nicht bei diesem Erkennen zugleich eine Heilung des Leibes geschehen? Nicht so sehr eine Heilung des eigenen sterblichen Leibes, aber ein Erlangen der realen Ansätze des heiligen Zukunftsleibes, des Phantoms?[16]

Eine solche Erkenntnis würde den Menschen zum Baum des Lebens führen.

Ita Wegman, Ärztin, Schülerin und Mitarbeiterin Rudolf Steiners, hat in der Zeitschrift ‚Natura' den Erkenntnisweg beschrieben, wie ihn die Göttin Natura anleitet. Ich gebe das Zitat hier wieder.[17]

‚Die Göttin Natura erschien noch überlebensgroß dem zu Initierenden. Und es wird uns von Rudolf Steiner erzählt, wie Brunetto Latini, der Lehrer Dantes, eine für sein Zeitalter typische Initiation durchmacht, zu welcher der Initiator das Geistwesen

---

[16] Für eine Erläuterung des Begriffs ‚Phantom' siehe Rudolf Steiner, Von Jesus zu Christus, GA 131.

[17] Ita Wegman, Zeitschrift ‚Natura', Juli 1926.

Natura war.

Brunettos Erleben nahm seinen Ausgangspunkt von einer großen Seelenerschütterung. Auf der Heimfahrt von einer Gesandtschaftreise nach Castilien erfuhr er, als er seine Vaterstadt Florenz betreten wollte, daß die Welfen, zu denen er gehörte, besiegt worden waren. Er floh in einen Wald; dort sich verirrend, kam er in einen eigenartigen Seelenzustand, wodurch er nicht mehr im Walde sich fühlte, sondern in eine andere, ihm fremde Gegend versetzt, wo er die Imagination der Göttin Natura hatte und die Worte von ihr sprechen hörte, daß er untertauchen sollte in seine eigene Wesenheit, ganz in sich hineingehen sollte. Aus seiner eigenen Beschreibung hören wir von seinen, in seiner Imagination gehabten Erlebnissen, wie er zuerst kennen lernte die eigenen Seelenkräfte, die im Denken, Fühlen und Wollen zum Ausdrucke kommen. Diese Seelenkräfte liegen sonst tief im Unterbewußten und kommen erst herauf, wenn man sich in einen Bewußtseinszustand versetzt, der anders ist als das gewöhnliche Tagesbewußtsein. Und tiefer noch im Unterbewußten liegen in uns die Temperamente, das cholerische, melancholische, sanguinische und phlegmatische Temperament, mit denen wir eng zu-sammenhängen. Um zu einem Erleben dieser Temperamente zu kommen, muß man noch tiefer untertauchen in seine eigene Wesenheit, und dann, wenn man durch die Temperamente hindurchgegangen ist, kommt man in die noch tiefer liegenden Regionen seines eigenen Selbstes, man kommt in die Region der Sinne, man erlebt sein eigenes Auge, sein eigenes Ohr, man erlebt sie von innen, wenn man tief genug heruntersteigt, man erlebt die Kräfte, die im Auge, im Ohr sich befinden, wodurch das Sehen, das Hören zustandekommt. Eine ganz andere Welt, als die physische

Welt ist, wird offenbar; das Auge, in das man sich versenkt hat, empfindet man als Himmelsraum, die Nervenendungen darin als Sterne und die Pupille als Mond. Aus den Sinnenerlebnissen kommt man in die Region der vier Elemente. Dann fühlt man sich drinnenstehend im Erdigen, Wässerigen, Luftförmigen und Wärmeartigen und erlebt dann die verschiedenartigen geistigen Wesenheiten und Naturgeister in den Ele-menten. Man erlebt in dem Erdigen und Wässerigen die Elementar- oder Naturgeister, und in dem Luft- und Wärmeartigen die Wesenheiten der Hierarchien, die über den Menschen stehen. Nun ist man aus sich heraus, kommt in die Region der Planeten, verbindet sich mit dem Schöpferischen im Weltall und fühlt sich wie in einem Ozean von Geistigkeit.

Kommt nun ein solcher Mensch wieder zurück in sein gewöhnliches Tagesbewußtsein, weiß er sich als Erdenmensch zu erinnern an das Erlebte, so hat er ein Wissen zur Verfügung, mit welchem er das Leben befruchten kann. Wir finden immer wieder bei den verschiedensten Initiierten diesen Weg beschrieben und als Führerin in die geistige Welt eine Frau, die so wie auch bei Brunetto Latini als die Göttin Natura bezeichnet wird.

Mit demjenigen, der heilen will, steht es nun so, daß er niemals zum Wissen einer Heilkunst kommen kann, ohne daß er sich wiederum verbindet mit dieser Initiationswissenschaft, sich in ihr unterrichten läßt oder selber den Weg in die geistigen Welten sucht.'

Ich werde in den folgenden Beschreibungen ungefähr diesem Weg folgen, jedoch verändert durch die geisteswissenschaftlichen Angaben Rudolf Steiners.

Bevor die Betrachtungen nun wirklich in den Leib hineinführen können, ist es notwendig, noch einmal ganz klar zwischen dem Weg des Rosenkreuzers und dem Weg der Mystik zu unterscheiden.

Durch mystische Versenkung kann der Mensch viele übersinnliche Erkenntnisse gewinnen. Es ist der Weg in das Innere des Menschen. Unvorbereitet führt dieser Weg jedoch zu einer Mischung aus seelischen und leiblichen Erkenntnissen, durchwoben vom eigenen Ich. Deshalb war im Mittelalter die große Forderung an die Mystiker, den Egoismus völlig zu überwinden. Für unser Vorstellungsleben bleiben dies aber abstrakte Worte, die man leicht sagen kann, ohne in die Wirklichkeit des Gesagten unterzutauchen. Rudolf Steiner brachte den Rosenkreuzerweg als Gegensatz zur Mystik, oder besser gesagt, als sichere und notwendige Vorbereitung zur Mystik.

Der Kern des Rosenkreuzerweges liegt darin, dass der Weg in die geistige Welt zuerst nach *außen* führt, in den Kosmos hinein, in die Welten außerhalb des menschlichen Innern, außerhalb der egoistischen Seele, außerhalb des undurchschaubaren Leibes. Dieser Weg wird dadurch gegangen, dass der Mensch eine starke, unerhört kräftige Konzentration des Denkens aufbringt. Das kann er durch Meditation, wie oben für die Rosenkreuzmeditation beschrieben. Das kann er auch durch die Entwicklung des *‚heiligen Begreifens'*, eines Denkens, eines Begreifens, das so vollkommen losgelöst vom sinnlichen Wahrnehmen und Denken lebt, dass es sich mit Moralität, mit moralischem ‚heiligem' Begreifen verbindet, eins damit wird. Das ist eine ungeheure Anstrengung des Denkens – dieses braucht so viel Kraft, dass es in sich selbst völlig einsichtig wird, d.h. seine eigenen Inhalte und Anstrengungen anschauen kann. Hier liegt eine Quelle ‚tätiger Missverständnisse', denn die Energie, die da aufgewendet werden muss, wird gewaltig unterschätzt. Auch die ‚Beobachtung des Denkens' (angeregt durch die Ausführungen Rudolf Steiners in seiner ‚Philosophie der Freiheit') wird entweder für Untersuchungen des Denkens nach gewöhnlich ‚wissenschaftlicher' Methode gehalten[18], oder sie wird zu simplen Übungen vereinfacht.[19] Man findet auch dann etwas Reales, und das Einfache wirkt anziehend; aber vergessen oder übersehen werden dann ganz und gar die gewaltige Anstrengung und Verzögerung, die im Denken gefordert werden, wenn es sich für die Spiritualität im Sinne der Rosenkreuzer bereit machen will. Der Mensch bleibt entweder im wissenschaftlichen Denken, oder er steigt in die beim gewöhnlichen Denken stattfindenden Leibesverrichtungen hinunter.

Man muss jedoch über sich hinaus, sich von seinem alltäglichen Selbst buchstäblich *loslösen.* Das erfordert

---

[18] Siehe dazu: Mieke Mosmuller, Das Tor zur geistigen Welt, Occident 2010. Renatus Ziegler, Intuition und Ich-Erfahrung, Freies Geistesleben, 2006.

[19] z.B. Jürgen Strube, Beobachtung des Denkens, Verlag für Anthroposophie 2010.

diese bis ins Unendliche zu steigernde Konzentration und Andachtskraft. Man muss lernen, sich aus seinem Blut ‚abzusondern', sich *nur* in seinem zentralen Nervensystem zu halten. Dies ist das leibliche Korrelat der Anstrengungen zur Erlangung des reinen Denkens. Es darf während der Übung keine einzige Berührung der Gedankenkräfte mit dem Blut mehr geben. Die reine Seele trennt sich vom leiblichen Ich, sie erhebt sich außerhalb des Ego zu ihrem reinen Willen, ihrem reinen Ich. Sie hält sich nur im zentralen Nervensystem, fern vom Ich-Blut. Das ist die Bedeutung der Konzentration, der Entwicklung zum sinnlichkeitsfreien Denken, das ist die Grundlage, der Untergrund. All dies sind keine ‚Lieblingsideen', die man willkürlich pflegt, es sind *Gesetzmäßigkeiten*, gegen die man nicht verstoßen will. Eine ungeheure Anstrengung in der Konzentration, sich steigernd zur Intuition des reinen Denkens, des reinen Willens, führt zu einer Trennung von Nerv und Blut.

Der natürliche Zustand ist also derjenige, dass die Wahrnehmungen und Gedanken am Ende der Nerven ‚in das Blut eingeschrieben' werden. So wirkt der leibliche Untergrund der Erkenntnis. Zum Tor der geistigen Welt erhebt sich der Mensch, wenn er diese Verbindung aus Freiheit für eine Weile unterbrechen lernt. Im gewöhnlichen Erkennen ‚weiß das Blut vom Nerv'. In der Geist-Erkenntnis lernt man, *ohne* Blut zu wissen.

Im Körper verhält sich das Blut anders zum Nerven. Der Mensch hat von seinem Leib keine klare Erkenntnis, sie wurde ihm versagt. Auch das hat eine leibliche Grundlage. Alles, was das Blut vom Körper ‚weiß', was es an Erkenntnis und höherem Wissen aus den Organen, den Lebensprozessen, den Sinnen, der Gestalt, in sich trägt, darf nicht bewusst werden. Bewusst würde es werden, wenn die im Blut liegenden Erkenntnisse mit dem sympathischen Nervensystem bewusst in Berührung treten würden. Beide sind für das Bewusstsein natürlicherweise getrennt, so wie Blut und Nerv des ZNS (Zentralnervensystems) einander für das Bewusstsein natürlicherweise berühren. Die Sinneseindrücke werden in das Blut eingeschrieben – das hat nichts mit der bekannten Blut-Hirn-Schranke zu tun, diese hat eine materielle Bedeutung. Verbildlicht kann man sich zwischen sympathischem Nervensystem und Blut den *Hüter der Schwelle* vorstellen, der beide Systeme streng auseinanderhält.

In der Mystik gibt es nun Wege, die diese Trennung für das Bewusstsein aufheben und die Verbindung durch mystische Übungen verstärken. Hätte der Mystiker sein Blut vom Egoismus gereinigt, so würde dadurch eine reine mystische Erkenntnis des Leibes entstehen können. Diese unmittelbare Überwindung des Egoismus ist im modernen Abendland eine Unmöglichkeit geworden, weil der Verstand den Egoismus ungeheuer nährt.

Obwohl die Übungen der Mystik darauf ausgehen, den Verstand zum Schweigen zu bringen, hat der moderne Mensch die Wirkungen des Verstandes im Blute nicht unter Kontrolle. Und so wird eine Mystik möglich, die zwar zu hellsichtigen Wahrnehmungen führen kann, aber auf einer realen Verstärkung der Verbindung von Blut und sympathischem Nerv beruht, wobei die Überwindung des Egoismus eine *Illusion* bleibt, da sogar das Umgekehrte bewirkt wird. Man kann ernsthaft üben: Man ersetzt die Konzentration im Denken, die zur Freiheit vom Blute führt, durch eine Aufmerksamkeitssteigerung in Bezug auf das *persönliche* Denken, damit man es ausschalten lernt. Man hat sich dann *nicht* über sich selbst erhoben, man bleibt in sich selbst.

Solange man noch eine Beeinflussung des Denkens durch Handbewegungen bemerkt, ist der Nerv im ZNS noch mit dem Blut verbunden. Strebt man in *diesem* Zustand nach einer Ausschaltung des Denkens, so bringt man in mystischer Weise den Verstand zum Schweigen, aber ohne bewusste Überwindung des Ego im Blut, das selbstverständlich ganz unbewusst wirkt. Der Übende wechselt – durch das Abdämpfen des Verstandes – zu einem anderen Nervensystem, er lernt, ein Bewusstsein im *sympathischen* Nervensystem zu haben, was er eigentlich nicht haben darf. Mit diesem kann er sich nach außen wenden, der äußeren Natur zuwenden und da die Kräfte wahrnehmen, die vom Verstand überdeckt werden. Er kann mit Hilfe von Bildvorstellungen auch nach innen schauen lernen und so mit karmischen Kräften im Blut in Berührung kommen. Und weil unser Leib ungeheuren Einflüssen der zunehmenden elektromagnetischen Wirkungen ausgesetzt ist, werden auch diese Wirkungen angeschaut, teilweise als solche erkannt, teilweise unerkannt.

Deshalb ist der Rosenkreuzerweg für den Abendländer

der geeignete Weg. Es ist der Weg der Konzentration des sinnlichkeitsfreien reinen Denkens bis zur Loslösung des Nerven vom Blut. Die Eindrücke im ZNS spiegeln sich in sich selbst, laufen in sich selbst zurück, wodurch sie angeschaut werden können. Der Egoismus bleibt im Blut, das Denken wird egoismusfrei. Dadurch aber wird es zum Gefäß für das Moralische, das es erfüllt. Hat dieses selige, heilige Denken genügend Bestand, kann es sich mit dem reinen Willen in sich selbst halten, so wird eine neue Mystik möglich.[20]

Das reine Ich kann sich dann im reinen Denken halten, und *zugleich* kann der Mensch lernen, seine Sinne vorstellungsfrei zu betätigen. Es tritt dieselbe Tätigkeit ein, die auch der unvorbereitete Mystiker praktiziert. Nur ist das Denken nicht – wie in der von Dorian Schmidt beschriebenen Bildekräfteforschung – in den Leib zurückgelenkt und dadurch zum Schweigen gebracht, während das Haupt wach bleibt, sondern es bleibt völlig losgelöst vom Körper im sinnlichkeitsfreien Denken als reiner Wille erhalten. Die Gedankenkonzentration (Meditation) hält das Denken vom Blut losgelöst, das sinnlichkeitsfreie Denken befreit sich auch noch aus dem Gehirn. Der Kopf wird also nicht vom Willen zum Denken entlastet, sondern ein gesteigerter *Denk-Wille* erhebt sich ‚*über*' den Kopf. Es stülpt sich gleichsam der gewöhnliche Mensch nach oben um: Zuerst ist da das reine Kraftdenken, dann das reine Ätherherz, und

---

[20] Rudolf Steiner, Eine okkulte Physiologie, GA 128, 2. und 3. Vortrag.

ganz ‚oben' treibt der höhere Wille. Das ist etwas ganz, ganz anderes als: ‚Wenn die Willensgrundlage für das Denken nachlässt, lässt auch die Denkbereitschaft nach. Dem Kopf können dann die Gedanken so entschwinden wie das Wasser aus einem Becher entschwindet, wenn der Abflussstopfen weggenommen wird.'[21] *Dies* ist die Bewegung der Mystik *ohne* vorangegangene Erhebung zum reinen Willen, zum reinen Denken, das über dem Kopf bleiben soll, wenn die Gedanken schweigen.

Auf dem rosenkreuzerischen Weg ist also eine Art umgekehrter Mensch außerhalb des Leibes ungeheuer tätig und werden zugleich die rein geistigen Sinneswahrnehmungen rein, ohne Gedanken, aufgenommen – den ganzen Körper, den ganzen Menschen durchdringend, bis zur vollständigen Sättigung.[22] Durch die Tore der Sinne kann sich der Mensch in sein Inneres versenken, und er kann das systematisch vollziehen. Er kann den Ausgangspunkt in seinem reinen Willen nehmen und so bewusst allmählich immer ‚leiblicher' werden, im Geiste, während er das Ich im reinen Denken hält. Das ist dieselbe Bewegung wie das Sich-Durchdringen mit den gedankenfreien Sinneswahrnehmungen. Das In-sich-Aufnehmen einer Sinneswahrnehmung bis zur vollständigen Sättigung ist immer eine komplizierte Sinneswahrnehmung, eine Mischung mehrerer Sinnestätigkeiten. Man kann sich auch auf einen

---

[21] Dorian Schmidt, a.a.O., S. 38.

[22] Rudolf Steiner, Grenzen der Naturerkenntnis, GA 322.

Sinn beschränken und sich darin üben, sich mit diesem *einen* Sinn – der einfachen Sinneswahrnehmung – zu durchtränken, ihn in sich aufzusaugen und in das Innere hinein zu verfolgen.

Ich werde diese Prozesse im nächsten Kapitel versuchen zu beschreiben, und wir werden sehen, wie wir da einen Zusammenfluss verschiedener Vortragsreihen und Bücher Rudolf Steiners verwirklichen: ‚Eine okkulte Physiologie', ‚Grenzen der Naturerkenntnis', ‚Anthroposophie, Psychosophie, Pneumatosophie', ‚Der Mensch im Lichte von Philosophie, Theosophie und Okkultismus', ‚Das Initiatenbewusstsein', sowie ‚Philosophie und Anthroposophie' und ‚Anthroposophie. Ein Fragment'.

DER WEG DURCH DIE SINNE IN DAS INNERE DES MENSCHEN

‚In anthroposophischer Beleuchtung darf alles dasjenige ein menschlicher Sinn genannt werden, was den Menschen dazu veranlaßt, das Dasein eines Gegenstandes, Wesens oder Vorganges so anzuerkennen, daß er dieses Dasein in die physische Welt zu versetzen berechtigt ist.'[23]

‚*Wenn man, wie es der Sache entsprechend ist,* da von Sinn spricht, wo eine Erkenntnis zustande kommt ohne Mitwirkung des Verstandes, des Gedächtnisses usw., *so muß man noch andere Sinne als die aufgezählten anerkennen.'*[24]

Wir haben uns also außerhalb des gewöhnlichen Erkenntniszustandes begeben, wir haben es dazu gebracht, uns im Erleben ganz aus dem Blut herauszuheben. Der Körper steht gleichsam ganz außerhalb unseres Erlebens, er ist uns wie ein ‚Du'. Unser Denken wird von einem Willen getrieben, der moralisch ist, der seine Wurzel in der geistigen Welt hat, im ‚höheren Devachan', wie man sagt. Daraus stammt unser jetziger Wille, der auch ‚Ich' heißt, der sich aber frei vom Leibesblut geistig bewegt. Dieses Ich ist vollkommen sinnlichkeitsfrei.

---

[23] Rudolf Steiner, Anthroposophie, Ein Fragment. GA 45, S. 31.

[24] Ebd., S. 35. Hervorhebung M.M.

‚In dem Erleben des ‚Ich' selbst durch den Menschen liegt nichts, was durch einen Sinnesvorgang angeregt ist.'[25]

Das gewöhnliche Ich jedoch ist mit den Sinnes- und Denk-Erlebnissen vermischt, es lässt sich nur dumpf empfinden, im Zusammenhang mit dem Blut. Das befreite Ich ist das reine Ich, das sich mit seinem freien Willen in Tätigkeit versetzen kann, indem es das Denken in Gang setzt und sogar den ganzen Erkenntnisprozess willentlich und erkennend durchschaut und erzeugt.

In meinem Buch ‚Das Tor zur geistigen Welt', aber auch schon in ‚Suche das Licht...', habe ich versucht, die verschiedenen Seiten des Ich-Erlebnisses, der Intuition des Ich, aus meiner eigenen geistigen Erfahrung, heraus darzustellen.

Wenn man sich seines Ichs als freier Denk-Wille bewusst werden will, muss man sich zuerst zum ‚heiligen Begreifen' aufschwingen. Man kann den Begriff der Freiheit gestalten, so dass der Begriff zur realen Befreiung *wird*. Man kann sich zum Beispiel konzentriert vorstellen, wie man eine seiner Gewohnheiten im moralischen Sinne ganz umkehren könnte. Da muss eine moralische Phantasie eingesetzt werden. Ist der Übende eine cholerische Person, so könnte er sich so ausführlich wie nur möglich ganz real vorstellen, wie er in allen Lebenssituationen ab jetzt eine völlige Gelassenheit ausstrahlen will. Konzentriert man sich stark

[25] Ebd., S. 70.

auf eine solche Umwandlung, so fühlt man, wie das eigene Ich als Wille frei von oben eingreifen müsste, wenn man das wirklich zustande bringen wollte. Das ist das eine. Das andere aber ist, dass man einen realen, erlebbaren Begriff der Freiheit erzeugt. Derjenige, der das macht, ist das Ich. So kann man in innerer Konzentration das Ich als Realität im höheren Denken finden und sich in der Folge auf diesen Ich-Willen konzentrieren. In schärfster Konzentration soll das gemacht werden, so stark, dass es fast weh tut – weil man sich aus dem Blut, aus der Eigenheit, befreien muss. Man hat so also einen reinen Begriff geformt, den man so stark denkt, dass der Begriff ‚Freiheit' auch zur Befreiung des höheren Ich aus dem Blut-Ich wird. Dieses höhere moralische Ich kann dann in innerer scharfer Konzentration meditiert werden. Es ist der Antrieb zum Guten. Es befreit sich aus der Dumpfheit des Blut-Erlebens und wird zum reinen, heiligen Ich – wie man es als Anlage aus dem höheren Devachan mitbringt.[26]

Dieses reine Ich und das Denken, in dem es sich betätigt, das ein ‚heiliges Begreifen' ist, diese beiden bleiben jetzt außerhalb des Leibes. Zwar gehören sie im Sinne der Sinneslehre der Anthroposophie selbst zum Sinnesorganismus (Ich-Sinn und Begriffs-Sinn), betätigen sich also im gewöhnlichen Erkennen an Hand des physischen Leibes, dennoch sind sie auch leibfrei zu erleben; und um sicher sein zu können, dass man nicht in irgendeiner Dumpfheit ‚verschwimmt', wenn man erkennend den Leib betreten will, *müssen* Ich

---

[26] Rudolf Steiner, Anthroposophie, ihre Erkenntniswurzeln und Lebensfrüchte GA 78.

und Begreifen sich jetzt rein leibfrei betätigen.

Der Anfang, der hier gemacht wird, ist sehr wichtig. Kommt man nicht in äußerster Konzentration zum Ich-Erleben im reinen Begreifen, so dass beide zur Realität werden, so werden auch die im folgenden beschriebenen Erlebnisse nur Beschriebenes bleiben und den Leser nicht zur Wirklichkeit des menschlichen Leibes führen können. Aber auch dann ist die lebendige Vorstellung immer noch eine Kraft, die wachsen und Ahnungen von der Wirklichkeit geben kann.

Wir haben uns jetzt also mit aller uns zur Verfügung stehenden Kraft außerhalb unseres Körpers gebracht, so dass wir den Körper als ‚Du' erleben, nicht mehr als ‚Ich'. Das höhere Ich betätigt sich in der konzentrierten Denkkraft oberhalb, außerhalb des Leibes, und zugleich fangen wir an, ganz behutsam, vorsichtig und systematisch objektiv in den Leib hineinzusteigen. Das eigentliche Denken bleibt außerhalb im Ich, der tätige Astralleib, vom heutigen Ich losgelöst, geht als schauende, fühlende Willenskraft in den Leib hinein. Wir arbeiten nicht mit dem Verstand, wir arbeiten mit einer schauenden Willenskraft, die nur Tätigkeit und Wirklichkeit kennt. Wir verwachsen nicht mit demjenigen, was wir untersuchen, obwohl wir uns damit vereinigen. In der Vereinigung bleibt der objektive Standpunkt erhalten.

In der folgenden Tabelle finden wir eine Übersicht der Sinnesqualitäten und die Beziehungen.

Was den Sinnen zugrunde liegt	Was in den Sinnen wirkt	Sinn	Wirkung der Wahrnehmung	Beziehung zwischen Sinneswahrnehmung und Objekt
Umgekehrter Tastsinn		**ICH**		Ganz sinnlichkeitsfrei
Umgekehrter Lebenssinn		**BEGRIFF**	Erde	Kein Bezug zur Materie, ganz Form
Umgekehrter Bewegungssinn	Ätherleib - Erzengel	**KLANG**	Wasser	Innerstes Wesen des Objekt zeigt sich
Umgekehrter Gleichgewichtssinn	Ätherleib - Engel	**TON**	Luft	Etwas weniger innerstes Wesen
Umgekehrter Geruchssinn	Empfindungsleib	**WÄRME**	Wärme	Etwas weniger innerstes Wesen
Umgekehrter Geschmackssinn	Empfindungsseele	**GESICHT**	Licht-Äther	Innerlicher als Geschmack
Umgewandelter Geruchssinn	Verstandes-/ Gemütsseele	**GESCHMACK**	Klang-Äther	Äußeres zeigt sich in flussiger Auflösung, innerlicher als Geruch
Selbstwahrnehmung des Stoffes	Bewusstseinsseele	**GERUCH**	Lebensäther	Äußeres zeigt sich, als Gasförmiges
	Manas	**GLEICHGEWICHT**		Übergang zur Außenwelt
	Buddhi	**BEWEGUNG**		Tief leiblich
	Atman	**LEBEN**		Zutiefst leiblich
		TAST		Abschließung des Leibes zur Außenwelt hin

Tabelle 1 [27]

[27] Grundlage: Rudolf Steiner, Anthroposophie. Ein Fragment, GA 45. Rudolf Steiner: Anthroposophie – Psychosophie – Pneumatosophie. GA 115.

Der Lautsinn

Das Wirken des Verstandes muss schweigen, auch das Denken oder Vorstellen in Worten muss vollständig verstummt sein. Nur dann können wir uns vorsichtig in den Sinn einleben, der Lautsinn, Wortsinn oder Sprachsinn genannt wird.

In dem Erleben des reinen leibfreien Ich wird man sich seiner Wurzel im Geist bewusst. Man fühlt, dass das Ich zum Makrokosmischen Wesen gehört, zum übermenschlichen Ich. Im Erleben des reinen Begriffs fühlt man sich im allgemein Menschlichen. Ein Begriff hat für alle Menschen denselben Sinn. Er kann verschiedenartig geformt werden, doch der Sinn, die Bedeutung ist universell, für alle Menschen auf Erden gleich. Im Laut, im Wort, in der Sprache ist das ja nicht mehr so. Da spricht das Volk, der Volksgeist mit. Davon wollen wir aber versuchen abzusehen. Wir wollen das Wirken des Lautsinnes selbst so real wie nur möglich erleben. Das können wir, wenn wir Laute als Mantram in uns aufnehmen, durch uns hindurchgehen lassen. Da haben wir am wenigsten das Hindernis zu überwinden, dass wir in unser gewöhnliches Erkennen hinabfallen.

Dazu können wir scharf konzentriert, meditativ die folgenden Laute unseren ganzen Leib durchdringen lassen. Man lasse die Laute, die Klänge wie Bewegungen durch die Säfte seines Leibes zittern. So real wie nur irgend möglich kann uns durchklingen:

AHURO MAZDAO
A U M

Man darf hier nicht einmal an Eurythmie oder Sprachgestaltung denken. Man darf überhaupt nicht denken, nur in der stärksten Konzentration erleben, sich bis in den Leib hinein für die Wirkungen öffnen. Kein Gedanke, kein Urteil, kein Wort.

Hier kann man die Erschütterung fühlen, die mit dem *Leben* zusammenhängt. Was wir als Vorübung anführten – das Ehrfurcht erweckende Anschauen der vom Leben organisierten materiellen Substanz (Spinnennetz, Haut einer Eidechse, Schnecke, Frosch usw.) –, das wird hier zu einer im eigenen Leib erlebten Wirklichkeit. Klang durchdringt unseren Leib, nicht in der Materialität, sondern in den Säfteströmen. *Durchlebt* werden wir.

Am besten wäre es, wenn wir ein Mantram *hören* könnten. Dann wirkt jedoch das Urteil über die sprechende Person mit, und durch das Zurückgleiten in die alltäglichen Verhältnisse wird es schwierig, die richtige Objektivität aufrechtzuerhalten. Innerlich zu sprechen ist weniger real, aber man kann sich in der meditativen Konzentration halten.

Eine andere Übung, wenn man das urteilsfreie Aufnehmen schon geübt hat, wäre: *In principio erat verbum.* Nicht der Bedeutung nach, sondern dem Laut nach. Trinken wir die Klänge...

Es bildet sich eine Ahnung von der Genesis, da der Geist

Gottes gestaltend über den Wassern schwebte, das Wasser mit seinem Wort zu Gestalten formend.

Zuerst müssen wir uns also über den Leib emporschwingen, unser Ich im heiligen Begreifen haltend. Angelus Silesius sagt es so: *‚Mensch, wo du deinen Geist schwingst über Ort und Zeit, so kannst du jeden Blick sein in der Ewigkeit'* Ohne diesen Schritt hat die weitere Arbeit nicht die konkrete Wirkung. *Vorstellen* kann man alles, aber wirksam wird es erst, wenn der Nerv sich ganz vom Blut getrennt hat – um sich dann in anderem Sinne stärker zu verbinden. Nur wenn Blut und Nerv *‚oben'* sich zuerst getrennt haben, können sie sich in der mystischen Versenkung *‚unten'* egoismusfrei verbinden und kann die Leibeserkenntnis eine objektive sein.

Wir wollen also jetzt außerhalb des Ich im Denken, ohne Verstandestätigkeit, aber willensstark, ganz *Laut* werden. Das reine Astralische verbindet sich tätig bewusst – aber objektiv – mit dem Leib, eine geistige Forschung des Leibes wird so möglich.
In der Weihnachtszeit gibt es ein vorzügliches Mantram – es wurde von Rudolf Steiner in dieser Form als Mantram angegeben: *Gloria in excelsis deo et in terra pax hominibus bonae voluntatis.*

Es gibt noch eine weitere Möglichkeit, ganz *Klang* zu werden. Man kann übend versuchen, die Bewegungen der Sprachorgane zu verfolgen. Auch wenn man Klänge denkend sagt, bewegen sie sich leise. Die *Konsonanten* fühlt man in der wunderbaren Zusammenarbeit von Lippe, Zähnen, Zunge, Palatum und Uvula. Die *Vokale* findet man tiefer, im Kehlkopf selbst. Wenn man die untersuchende Kraft ohne Verstandesdenken stark empfindend aufrechterhalten kann, findet man nicht die prosaischen Formen der Sprachorgane, sondern übersinnliche Gesten, die kaum festzuhalten sind. Geistige Imaginationen sind es, Gebärden des Wortes, die von Rudolf Steiner dann in eurythmische Gebärden übersetzt wurden, die mit dem menschlichen Leib in der Bewegung sichtbar gemacht werden können. Hier jedoch, im Miterleben der Lautformung, finden wir *selbst* die Ansätze. Unser Säfteorganismus erbebt durch die Laute, die ihre Kräfte bis in ihn hineinführen. Wir erleben innig, wie sehr Lautsinn und Bewegung verwandt sind.

Das Hören

Nun können wir einen Schritt weitergehen. Auch wenn die vorherige Übung zunächst kaum Wirkung gehabt haben sollte, können wir weitergehen. Jeder Schritt bringt Entwicklung, die wir spüren werden, wenn wir dann wiederum von neuem ganz ‚oben' anfangen.

Jetzt gehen wir tiefer. Wir steigen in das Hören hinunter. Wir sehen ab von den Klängen, auch von den Geräuschen, und richten unsere vorstellungsfreie Aufmerksamkeit, unsere Vermählungskraft auf den Ton. Wir können uns vorstellen, wie die Oboe dem Orchester den Ton angibt, wie die Violine gestimmt wird. Vielleicht können wir den ‚luftigen' Ton der Querflöte hören, oder das wortlose Singen. Können wir einen einzelnen Ton hören? Oder einen Zusammenklang, chaotisch wie beim Stimmen eines Orchesters oder harmonisch bei einem vierstimmigen Choral von Bach? Die Saiten einer Harfe anstreichen? Hören wir das Singen einer Nachtigall?

Wir wollen uns ganz mit dem Ton durchdringen, mit einzelnen Tönen, mit Melodien, mit Harmonien, mit Musik. So lernen wir erkennen, dass es einen Luft-Menschen gibt, eine Luftorganisation im physischen Leib, die durch und durch Musik ist, wo der Ton die Luft durchzittert, durchweht.

Gestaltende Kräfte lernen wir auch hier in Ansätzen kennen. Es geht nicht so sehr darum, fertige Erkenntnisse zu vermitteln, sondern zu einer Erweckung lebendiger eigener Erkenntniskräfte anzuregen.

Es gibt in der anthroposophischen Literatur Werke, die sehr ausführlich *Menschenkunde* vermitteln.[28] Hier jedoch will ich dazu anregen, den *eigenen Menschen* als Lehrbuch zu erkennen und zu verwenden. Die Erkenntnisse, die man so erlangt, sind zwar weniger akademisch, weniger wissenschaftlich-inhaltlich als in den genannten Büchern, sie sind aber absolut real, und sie werden dem Forscher für die Ewigkeit ‚einverleibt'. Die existierenden Bücher können daneben immer wieder eine Grundlage für die eigenen Untersuchungen geben.

Im *Lauterleben* empfanden wir gestaltende Kräfte bis in unsere Säfteströme hinein, im *Tonerleben*, im musikalischen Erleben, empfinden wir andersartige Bewegungsformen, die uns durch-atmen. Alle Leibessubstanz verweht, und nur die Luftformen bleiben. Sie vermitteln eine Ahnung der Sphärenharmonie. Diese Ahnung lässt einen die physisch hörbare Musik als arm und verhärtet erleben. Sogar diejenige Musik, die uns am allerliebsten ist, scheint noch zu derb, zu undurchdringlich. In unserem Luftmenschen waltet der gestaltende Sphären-Mensch.

Ganz Ton, ganz Musik sollen wir werden wollen – und dann auch wirklich *werden*. Man fühlt, wie die Raumeskräfte, die Ausdehnung, die drei Dimensionen durch die Gestaltung

[28] z.B. Lothar Vogel, Der dreigliedrige Mensch, Verlag am Goetheanum 1992. Friedrich Husemann, Das Bild des Menschen als Grundlage der Heilkunst, Verlag Freies Geistesleben 2003. Armin J. Husemann, Der musikalische Bau des Menschen, Verlag Freies Geistesleben 1989.

im Luftorganismus ergriffen werden.

Nun können wir auch noch versuchen, ganz *Ohr* zu werden. Nicht ein bestimmter Ton also, sondern hörendes Ohr wollen wir jetzt sein. Wir können die Embryologie hinzunehmen und empfinden, wie sich durch Einstülpung, Abschnürung und eine sehr feine Differenzierung dieses hochkomplizierte Organ des Gehörs und des Gleichgewichts formt. Zuerst werde ich es ausführlich besprechen.

Es ist wichtig, uns an dieser Stelle noch einmal auf unsere Methode, auf unsere untersuchende Tätigkeit zu besinnen. An vielen Stellen in Rudolf Steiners Werk sind Anweisungen zum Erforschen des Lebendigen zu finden. Solche Stellen wirken anfangs immer wie ein Mysterium, ein Rätsel. Man empfindet den eigenen ohnmächtigen Verstand und zugleich die *Möglichkeit*, sich zu einem Hellsehen zu entwickeln.

Eine solche Stelle ist die Vortragsreihe ‚Anthroposophie, ihre Erkenntniswurzeln und Lebensfrüchte', gehalten im Jahr 1921.[29] Darin wird noch einmal sehr klar der Erkenntnisweg geschildert, wie er von der ‚Philosophie der Freiheit' ausgehen kann. Das übersinnliche Freiheits-Erlebnis, der Übergang zur Imagination, das Inspirieren der leeren Bewusstseinskräfte, die Liebe als Erkenntniskraft, die Bedeutung des Sich-Einlebens in die zwölf Weltanschauungen, das alles wird hier noch einmal in öffentlichen Vorträgen ausgeführt. Ein Mysterium der

[29] Rudolf Steiner, Anthroposophie, ihre Erkenntniswurzeln und Lebensfrüchte, GA 78.

modernen Einweihung erlebt der Leser, etwas, was fern ist und doch so nahe...

In dieser Vortragsreihe findet sich auch eine Auseinandersetzung mit dem Phänomen Nietzsche und eine Besprechung der tiefen Bedeutung von Haeckels Werk. Wir können da lernen, wie das Wachstum, das *Ballen und Spreizen* darin, eine Eigenschaft des Ätherleibes ist; wie dagegen alle *Einstülpungen* vom Astralleib kommen. Führt die Einstülpung zur *Umstülpung*, so ist das Ich als Kraft tätig. Durch das plastische Formvorstellen, ein bewegtes Formvorstellen ohne Begriffe, können wir lernen, in diese drei Wesensglieder erlebend unterzutauchen. Im Vortrag vom 2. September 1921 wird eine Umstülpungsübung beschrieben. Eine Kugel wird eingestülpt, bis sie zum Becher geworden ist, dann wird der Boden des Bechers durchstoßen, und was innen war, wird Umkreis, was Umkreis war, wird Zentrum. Hier wird dann aber hinzugedacht, dass das Ich als umstülpende Kraft bewirkt, dass die ursprüngliche Substanz der Kugel sich dann vergeistigt hat. Und so, sagt Rudolf Steiner, soll man sich vorstellen, dass aus der physischen Leibesorganisation die Erkenntniskräfte hervorgehen. Da findet man die ätherischen Bildekräfte, die das *Leben* in der Erkenntnis bilden.

Das alles kann man sich übend *vorstellen*. Erhebt man jedoch sein Denken ‚über Ort und Zeit', zur sinnlichkeitsfreien *Kraft* außerhalb des Leibes, so hat man diese Umstülpung an sich *vollzogen*. Man lebt nicht mehr in den Gedanken, sondern in den ätherischen Bildekräften. Mit diesen tauchten wir bis jetzt in die Wahrnehmung von Wort und Ton ein. Jetzt wollen wir versuchen, diese Bildekräfte selbst zu veranschaulichen, indem wir einen Embryonalzustand plastisch denken.

Heute gibt es die technische Möglichkeit, die embryonalen Bildeprozesse in ‚Animationsfilmen' gleichsam lebendig sichtbar zu machen. Wichtig zu wissen ist eines: Der Film entsteht durch eine Vielzahl statischer Bilder, wodurch die Illusion der Bewegung – in diesem Fall: der lebendigen Entwicklung – entsteht. Man sieht die Entwicklung als eine Aufeinanderfolge statischer Zustände. In einem Buch über Embryologie kann man nur einige Stadien abbilden.

In der Meditation jedoch wollen wir nicht Stadien imaginieren, sondern wirklich mit dem ganzen menschlichen Krafterleben die Stadien ineinander überführen, sogar selbst die Stadien herbeiführen. So also denke man sich, wie sich da, wo sich das Gehörorgan real befindet, einst die Hauptesanlage befunden hat und wie dort von außen eine Einstülpung bewirkt wurde. Die einstülpende *Kraft* soll man imaginieren und auch das Eingestülpt-Werden. Die Bildekraft lässt sich im Gebiet unseres Gehörorgans wirklich *fühlen*. Reale Bildekräfte sind das. Nun imaginieren wir, wie die Einstülpung so weit geht, dass die Ränder sich berühren, wodurch ein Bläschen entsteht. Kann man sich das auch noch räumlich vorstellen, von allen Seiten wirksam, so findet man sich in die Bildekräfte hinein; Kräfte, die Wortkräfte, musikalische Kräfte und plastische Kräfte sind.

Die Zeichnungen sollen also nur als Hinweise dienen,

damit man weiß, wie man die Bildekräfte imaginieren soll. Man versetzt sich wirklich in die embryonale Zeit hinein. Je mehr man bildend *kraften* kann, ohne Gedanken – die Gedankenkräfte nur in Bildern betätigend –, desto realer wirkt es, desto mehr wird man sich eines realen Prozesses bewusst.

Obwohl die Mystiker der Vergangenheit nicht dieses exakte Hellsehen entwickelten, sondern unmittelbar in sich hineinstiegen, kann man bei ihnen dennoch wunderbare Erkenntnisse finden.

So verwendet Jakob Böhme in seinem Werk ‚Aurora' immer wieder die Worte ‚begreiflich' und ‚unbegreiflich'. Er meint dabei jedoch nicht die Bedeutung, die wir diesen Worten beilegen. Wenn er ‚begreiflich' sagt, so meint er ‚materiell'. Sagt er ‚unbegreiflich', so meint er ‚geistig'. Und damit ist genau die Verwandlung des Denkens bezeichnet, die auch der Geisteswissenschaftler durchleben muss, auch wenn er es in anderer Weise macht als ein Mystiker wie Jakob Böhme. Denn alles, was begriffen werden kann, gehört der mineralischen Welt, der materiellen Welt an. Erst das nicht-begreifende Denken kann den Geist finden. Was gefunden wird, kann dann zwar begriffen werden, doch *dieser* Begriff, der geisteswissenschaftliche, fordert eine ganz andere seelische Haltung, nämlich die größte Andacht und liebevolle Hingabe. Das gewöhnliche Urteilen darf nicht mitgehen, es gehört zum ‚Begreiflichen' von Böhme. Es ist wichtig, diese Unterschiede zu durchfühlen, sie durch und durch zu empfinden. Das Gedächtnis, das mit dem

‚Begriffenen' zusammenhängt, muss die Herrschaft einer ganz anderen seelischen Kraft übergeben: der imaginativen Phantasie, dem Führen des Denkens von Bild zu Bild.

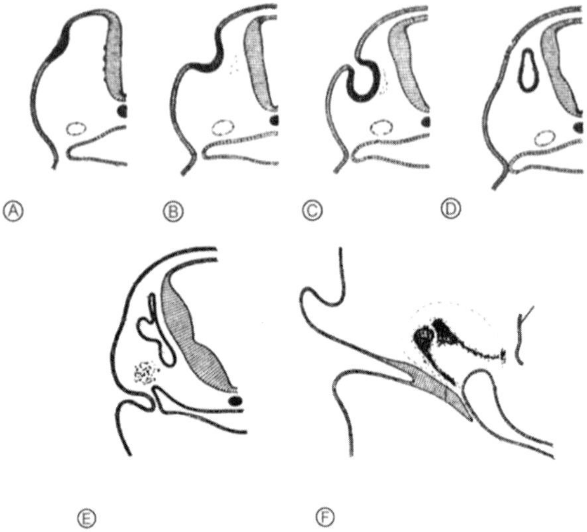

Man soll die einzelnen Stadien also in Bewegung bringen, so dass das eine aus dem anderen hervorgeht, und es *wirklich* immer im eigenen Menschen empfinden, nicht als äußere Vorstellung.

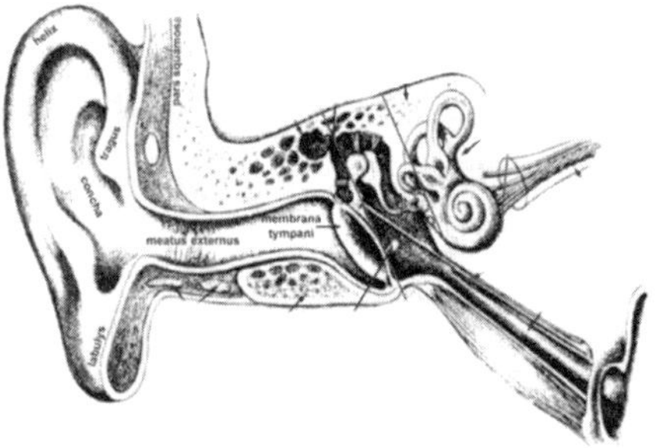

Man kann in sich erfühlen lernen, wie die drei Raumes-Dimensionen gestaltend wirken können, wie die drei Dimensionen mit der Musik zusammenhängen (was im trivial-äußerlichen Sinne auch aus der Tatsache hervorgeht, dass es Stereoanlagen gibt, um Musik räumlich hören zu können). Zwei Seiten hat unsere Untersuchung also: den Ton und das Gehör.

Der Wärmesinn

Der nächste Sinn ist das Gewahrwerden von Wärme und Kälte außerhalb von uns und die Einwirkung auf unsere eigene Wärme. Wiederum versetzen wir uns mit aller Willenskraft, die wir haben, ganz ‚über Ort und Zeit' hinaus, schwingen wir uns in das heilige Begreifen empor. Da lassen wir dieses Begreifen, da lassen wir unser Ich zurück, und wir steigen mit unseren tätigen astralischen Kräften – fühlendes Wollen, wollendes Fühlen, das schauend, erkennend ist – weiter in unseren Leib hinein, wir werden ganz Wärme-Unterschied.

Hier empfinden wir die innige Einigkeit zwischen Innen und Außen, die Einigkeit mit dem Leib, dem Sinnesleib, denn hier ist außen innen und umgekehrt. Denn die äußere und die innere Wärme sind von der gleichen Art. Beide suchen nach Verständigung, nach Ausgleich, aber die innere bleibt dennoch selbstständig, sie behält ihren eigenen ‚Grad', obwohl sie mit der äußeren kommuniziert. Alles ist hier Empfindung, menschliche Empfindung. Wir ahnen, dass wir uns in diesem Empfinden weiterentwickeln können, dass wir Wärme-Unterschiede empfinden lernen können, dass es einen ‚Wärme-Menschen' gibt, der differenziert körperlich da ist. Der Wärmesinn gibt eine dumpfe, undifferenzierte Erkenntnis, er kann aber entwickelt werden, er kann nach außen und nach innen fühlen, kann die gestaltenden Kräfte der Kälte, die auflösenden Kräfte der Wärme empfinden lernen. Die Düfte leben in der Wärme, in der Kälte verstummen sie gleichsam. Duft gehört zur

Wärme. Die Pflanze duftet, weil sie ihre Blüte in das Feuer aufgehen lässt. Der Wärmesinn nimmt dieses Feuer wahr. Feuer ist die übersinnliche Seite der Wärme, in ihm brennen wir, wollen wir uns auflösen ... und suchen dann die Kälte, weil wir unsere Gestalt erhalten wollen. In der Wärme handhaben wir unser Ich, das hier geistig, in der Begeisterung, da sein kann – die aber immer wieder durch die Nüchternheit in der richtigen Spur und Fährte gehalten werden muss.

Die Wärme will meditiert werden, sie will als Qualität erkannt werden. Lange und regelmäßig soll der Mensch sie in der Meditation empfinden lernen. Man unterscheidet dann immer mehr, dass die äußere Wärme viel leichter wahrgenommen wird. Die innere Wärme wird viel mehr mit dem Haupt ‚bedacht'. Die imaginative Wahrnehmungskunst besteht jedoch darin, in den Körper hinunterzusteigen, um die Wärme vor Ort zu erleben, wirklich in die Wärme unterzutauchen. Da findet ein Zusammenwirken mit dem Lebenssinn statt.

Das Sehen

Von der Wärme wandeln wir uns zum Licht und zu seinem Bruder, der Finsternis. Das Licht ist überall, am Abend geht es allmählich in die Finsternis der Nacht über. Mit dem Sehen leben wir im Licht, das als Qualität nicht so leicht zu fassen ist. Wir wollen nicht denken, uns nicht an die Physik erinnern. Wir wollen das Licht als Licht sehen, erleben, in uns aufnehmen. Zuerst scheint es durchsichtig, farblos zu sein. Wir empfinden es im Sehen außerhalb von uns, durchdringen uns mit dem Licht und werden gewahr, dass unser Leib auch eine Art Lichtorganismus ist. Die Ansicht, dass der Leib nur materiell-physisch sei, hat uns mit der Illusion erfüllt, der Leib sei finster. Das ist er nicht, er hat auch eine Lichtgestalt.

Wir hatten unsere denkenden Kräfte leibfrei erlebt, eine Umstülpung zum Geist erlebt, der *Licht* ist. Im Kraft-Denken ist die Gedankenkraft *Licht*, und das Begreifen ist selbst aus Licht gewoben. Nun aber stülpen wir uns zurück in den Leib hinein, auf den Fluten des Lichtes. Und wir erleben die innige Verwandtschaft der Erkenntnis mit dem Licht, also mit dem Sehen. Außerhalb des Leibes können wir mit dem Licht mitfluten und die Objekte als Finsternis berühren. In der Berührung entsteht die Farbe.

Leicht und licht fluten wir zur Zypresse, und in der Berührung werden wir grün... In und mit diesem Grün werden auch wir ganz grün, wir ernähren uns vom und schmecken gleichsam das Grün. Auf den Fluten des Lichts ‚berühren' wir sehend das Orange der untergehenden Sonne, wir werden ganz Orange, das Orange erfüllt die Welt, wird ganz unser Leib, wir empfinden das Wohltuende des Orange, die sanfte Wärmung, das vorsichtige Leben... Wir sehen das Licht im Veilchen sich in Violett wandeln, wir berühren es, erfüllen uns damit, wir fühlen unser Leben erlahmen, das Sanfte wird etwas härter, aber wir werden auch fromm und hingegeben. Die Farbe soll lebendig entstehen, wir sollen sie durchdringen, sie uns. Gedankenartig ist sie, die Farbe, wie ein lebendiger Gedanke, sie färbt unser Inneres.

Wenn wir Schwierigkeiten damit haben, uns wirklich real in das Licht hineinzufinden, so ist es eine weitere Möglichkeit, sich auf seine Augen zu konzentrieren. Das Auge ist selbst verdichtetes Licht, ein zusammengezogener Makrokosmos aus Licht. Konzentrieren wir uns mit unserem ‚gedankenfreien Denken' auf unsere wirklichen Augen, so erfühlen wir die Lichtnatur als Auge, das Auge als verdichtetes Licht. Nicht ‚weißes' Licht soll es sein, sondern ätherisches Farbenfluten. So wie die Bildekräfte bewegte Formen, geformte Bewegungskräfte sind, so färben sie sich, und auch die Erlebnisse der oberen Sinne, die Wärme, der Ton, die Laute, werden farbig. So wird zum Beispiel die Hitze rot, die milde Wärme orange, die leichte Wärme gelb; so kann ein C dunkelrot klingen und ein B gelb, aber auch violett, und so weiter.

Noch stärker erleben wir die Bildekräfte, wenn wir die Entwicklung des Auges in der Embryonalzeit imaginativ vorstellen. Nicht ‚vorstellen', sondern *leben*, das ist es, was wir versuchen wollen.

Auch hier ist es der Prozess der Einstülpung, dann ein Verwachsen der Ränder, das Entstehen des Linsenbläschens.

A B C

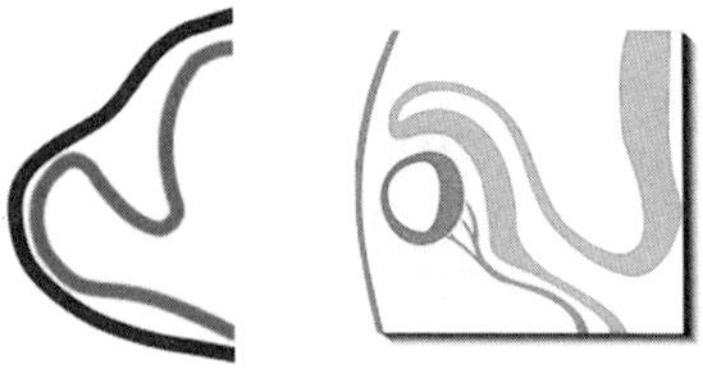

Beweglich das eine in das andere überführen, im eigenen Haupt lokalisiert – dies führt zu einem ‚Gruseln', einem ehrfürchtigen Erleben der astralischen und ätherischen Bildekräfte.

Der Geschmacks- und Geruchssinn

Wir verfolgen einen systematischen Weg in das Mysterium des menschlichen Leibes hinein. Der Zutritt wurde uns genommen, wir dürfen nur an der Oberfläche ein klares Bewusstsein haben, unser Bewusstsein des Leibes ist dumpf. Die Empfindungen unseres eigenen Leibes nehmen wir überdies auch nur von außen wahr, sie spiegeln sich in unserem ruhenden Haupt; dieses Haupt wirkt so, dass es alles von sich wirft und zur Vorstellung macht. So haben wir von unserem Leib auch nur Vorstellungen, wir können nicht erlebend in seine Wirklichkeit eintauchen.

Deshalb mussten wir zuerst unser Haupt überwinden. Wie nach dem Tode muss es ‚abfallen'; es muss in der Meditation zur Gedankenruhe gebracht werden. Nicht die Bildekräfte, die verstärktes Denken sind, sollen schweigen, sondern die Gedanken. Wir können die Weltgedanken des menschlichen Leibes nicht schauen, wenn es noch eine Gedanken-Eigenheit gibt. Das heißt aber nicht, dass auch der *Denk-Wille*, die übersinnliche Denkkraft ausgelöscht werden soll. Denn sie ist gerade der Kelch, in den das Welten-Wesens-Licht zum freien Wollen einströmt. *Denken* muss man immer noch, aber es muss ein wahrhaftes Denken in Menschen-Welten-Gründen werden. Der Fürst des egoistischen Denkens, der Gedanken-Eigenheit, Luzifer, hatte uns verführt, ein eigenes, vom Göttlichen losgelöstes Denken entwickeln zu wollen. Dieses *haben* wir entwickelt, und jetzt haben wir die Frucht den Weltgedanken des Heiligen Geistes hingegeben. Wir befreien uns selbst, aber wir befreien *mit* uns auch Luzifer. Luzifer ist ein Widersacher, solange er eine Gedankeneigenheit stimuliert. Ist diese überwunden, so ist der Heilige Geist ja der auferstandene Luzifer.

So bringen wir es also zu einer Gedankenruhe, aber der Wille im Denken bleibt unsere Kraft. Mit dieser Kraft sind wir dann allmählich, Schritt für Schritt, in unsere Sinne eingezogen, unser Weg führte vom äußersten Äußeren, vom Ich, über den Begriff zum Laut, zum Ton, zur Wärme, zum farbigen Licht.

Jetzt berühren wir die zwei Sinne, die uns noch von der Pforte zum eigentlichen Leib trennen. Durch sie müssen wir uns noch hindurchwinden, sie bilden die letzte Verbindung mit der außerleiblichen Welt. In diesen Sinnesempfindungen liegt aber unser Begehren, sie fachen das Begehren am meisten an, sie sind sehr körpernah, viel mehr als das Licht, die Wärme, der Ton, der Laut.

Das Genießen des Feinschmeckers beruht auf einem intensiven Begehren, aber auch im Küssen liegt – neben anderen Sinnesempfindungen – ein begehrendes Schmecken, das den ganzen Körper in Erregung bringen kann. Im Riechen liegt ebenfalls eine verborgene Welt der Erotik, das wissen die Parfum-Industrien nur allzu gut. Hier also liegt eine schwierige Klippe, direkt vor der eigentlichen Pforte zum Paradies...

Steigt der Mensch *ohne* eine solch intensive läuternde Vorarbeit, wie sie in der Anthroposophie und im Rosenkreuzertum geraten wird, in den Leib hinein, so stößt er ebenfalls auf diese beiden Sinne mit ihrer Begierdekraft. Diese Kraft kann sich dann in wunderbare mystische Bilder verwandeln – und ist doch ein niederes Begehren, das von der Seele nicht erkannt wird. Das leibliche Hellsehen ‚riecht den Teufel' und ‚schmeckt die Seligkeit'.

Wenn wir jedoch wirklich unsere Gedankenruhe und den auferweckten höheren Denkwillen erreicht haben; wenn wir uns von moralischer Kraft erfüllt wissen, auch durch das ständige Üben der Rosenkreuz-Meditation oder der Meditation des Prologs des Johannes-Evangeliums; wenn wir dann mit dieser Läuterungskraft durch die Sinne hindurchgegangen sind – dann können wir auch durch das Schmecken und Riechen hindurch, wir können ‚das ferne Land, unnahbar unseren Schritten' durch den sonst undurchdringlichen Wald von Geschmack und Geruch erreichen. Eine heilige Speise schmecken und riechen wir, wenn wir diese Sinne rein ätherisch durchschreiten.

Der Geschmack

Beim Schmecken empfinden wir das Riechen mit. Sehen wir von den feinen Geruchsempfindungen ab, so finden wir das Schmecken an sich, die vier Qualitäten salzig, bitter, sauer und süß. Wir können uns an sie erinnern, wir können zur Untersuchung auch wirklich etwas in den Mund legen. Neben der Sinneswahrnehmung wirkt das Schmecken unmittelbar auf die Verdauung ein, indem es Absonderungen auslöst, was schon beim Speichel anfängt. Aber konzentrieren wir uns auf die Geschmacksqualitäten, wie sie an sich wirken.

Das Salz wirkt bis in die Tiefe des *physischen* Leibes als Empfindung. ‚Ihr seid das Salz der Erde', und so erleben wir uns als sterbliche Leiblichkeit. Das Salz hält uns in uns zusammen. Jeder Mensch kann das Salzige selbst schmecken und dann versuchen, die Empfindung schauend, fühlend, wollend tief in sich aufzunehmen. Das Salz macht als Geschmack dann eine bestimmte Bewegung, es streckt sich in einer gewissen Art aus, hält sich auch zusammen, es scheint ein Formprinzip zu sein. Lothar Vogel zeichnet es so:[30]

salzig

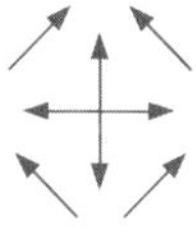

[30] Lothar Vogel, Der dreigliedrige Mensch, Verlag am Goetheanum 1992.

Es ist die von der Welt abgesonderte Leibesempfindung. Das Salz empfinden wir vor allem in unserem Haupt, mit nur leichter Ausstrahlung in den übrigen Körper.

Die Bitterkeit macht eine ganz andere Figur:

bitter 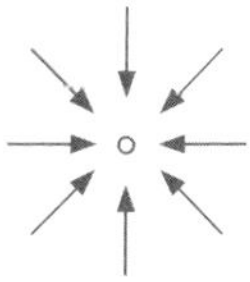

Es ist die Wirkungsrichtung der *Ätherkräfte*; der Geschmack liegt mehr nach unten hin, mehr im Bereich des Rachen und des Kehlkopfes, und er bewirkt, dass wir ‚ein Gesicht' ziehen. Eine konzentrierende Bewegung scheint er uns zu geben, aber wir gehen aus dem Leib ein wenig hinaus.

Das Saure wirkt aus uns hinaus; so wirkt das *Astralische*.

sauer 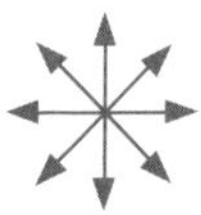

Die Empfindungen haben ihren Sitz mehr im Magen, das Saure strahlt tiefer aus, wir schaudern dadurch. Das Saure zieht uns gerade in uns herein.

Das Süße schließlich ist ganz rund, es geht in einer Art

behaglichen Wärme durch den ganzen Körper. Es lässt sich daran die Verwandtschaft mit der *Ich-Organisation* erleben. Es kann zur ‚Acedia' (Faulheit, Trägheit) verführen, wir können es aber auch gerade zur Tatkraft verwenden.

süß

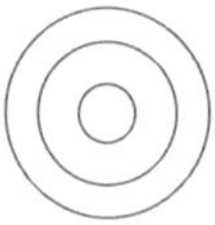

Nun ist die Gefahr dieser obigen Darstellung, dass sie zur Erkenntnis wird. Das soll sie nicht, sie soll nur gedankenfreies, aber denkwillensstarkes Erlebnis bleiben. Auf den Bahnen der Geschmacksempfindungen können wir unsere Wesensglieder ahnen. Aber wir können auch unmittelbar erleben, wie der Geschmack nur auftreten kann, wenn etwas als eine wässrige Lösung im Munde zergeht. Ein Stein ist nur zu schmecken, insoweit der Staub der Oberfläche in Lösung gerät, der Stein selbst ist nicht zu schmecken. Im Geschmack haben wir also ein intimes Zusammenleben mit der Flüssigkeit.

Aber es ist auch eine Art Gefühlserlebnis, so wie das Sehen mehr Gedankenähnlichkeit hat. Die ‚Geschmackssache' ist dem Fühlen nahe verwandt. Die ‚Restaurant-Kultur' hat einerseits die Bedeutung, dass Menschen bei der Mahlzeit kommunizieren, andererseits gibt das Feinschmecken ein intimes Zusammengehen mit äußeren Substanzen. Man nimmt die Wahrnehmung buchstäblich ganz in sich auf, verzehrt sie, verdaut sie, schmeckend. Wir fühlen beim Schmecken, dass wir eine derbe Verbindung mit dem Leib eingehen, einc Verbindung von Stoff mit Stoff.

Der Geruch

Im Riechen betreten wir viel mehr das Willenselement. Da gibt es nicht diese genaue Unterscheidung in verschiedene Qualitäten. Sympathisch, lieblich, herrlich, demgegenüber dann antipathisch, stinkend, unerträglich. Wir können in der Poesie Bilder oder zum Beispiel beim Weinkenner Bezeichnungen finden. Es sind aber immer Hinweise, keine exakten Benennungen.

Wir können etwas erst riechen, wenn die Substanz gasförmig (geworden) ist. Dann können wir sie durch unsere Nase einatmen, der Duft breitet sich mit der Luft aus, geht durch uns hindurch. Eine qualitative Welt liegt im Riechen, die ziemlich dumpf bleibt, die sich auch schwer einprägen lässt. Wir können uns des Duftes des Lavendels erinnern, aber es ist schwer, das mit Genauigkeit zu tun. In der Meditation können wir solche Versuche machen. Der Geruch des Kaffees, des Tees, einer Rose, der Kamille, der Zypresse ... von Schweinemist, Zigarettenrauch, Benzin, Verbrennung, wie wirkt das in uns nach? Auch in der alltäglichen Wirklichkeit können wir kurz meditativ innehalten, wenn wir etwas riechen. Aber so flüchtig der Duft ist, so schwierig ist es auch, ihn festzuhalten.

Wir können dahin kommen, uns mit Geruchsempfindungen ganz zu erfüllen und meditativ darin zu verweilen. Wir können das Riechen *selbst* meditieren. Eine wunderbare, duftende – ohne Vorbereitung verführende – Welt zaubert sich vor uns hin. Etwas Ähnliches hat Goethe in seiner ‚Pandora' beschrieben, wo Pandora ihre Büchse öffnet:[31]

[…] So freudig hüpfte mir das Herz,
Als mir Pandora nieder vom Olympos kam.
Allschönst und allbegabtest regte sie sich hehr
Dem Staunenden entgegen, forschend holden Blicks,
Ob ich, dem strengen Bruder gleich, wegwiese sie.
Doch nur zu mächtig war mir schon das Herz erregt,
Die holde Braut empfing ich mit berauschtem Sinn.
Sodann geheimnisreicher Mitgift naht' ich mich,
Des irdenen Gefäßes hoher Wohlgestalt.
Verschlossen stand's. Die Schöne freundlich trat hinzu,
Zerbrach das Göttersiegel, hub den Deckel ab.
Da schwoll gedrängt ein leichter Dampf aus ihm hervor,
Als wollt' ein Weihrauch danken den Uraniern,
Und fröhlich fuhr ein Sternblitz aus dem Dampf heraus,
Sogleich ein andrer; andre folgten heftig nach.
Da blickt' ich auf, und auf der Wolke schwebten schon
Im Gaukeln lieblich Götterbilder, buntgedrängt;
Pandora zeigt' und nannte mir die Schwebenden:
Dort, siehst du, sprach sie, glänzet Liebesglück empor!
Wie? rief ich, droben schwebt es? Hab' ich's doch in dir!
Daneben zieht, so sprach sie fort, Schmucklustiges
Des Vollgewandes wellenhafte Schleppe nach.
Doch höher steigt, bedächtig ernsten Herrscherblicks,
Ein immer vorwärts dringendes Gewaltgebild.
Dagegen, gunsterregend, strebt, mit Freundlichkeit

[31] Online unter www.zeno.org/Literatur/M/Goethe,+Johann+Wolfgang/Dramen/Pandora/[Stücktext]

Sich selbst gefallend, süß zudringlich, regen Blicks,
Ein artig Bild, dein Auge suchend, emsig her.
Noch andre schmelzen kreisend ineinander hin,
Dem Rauch gehorchend, wie er hin und wider wogt,
Doch alle pflichtig, deiner Tage Lust zu sein.
Da rief ich aus: Vergebens glänzt ein Sternenheer,
Vergebens rauchgebildet wünschenswerter Trug!
Du trügst mich nicht, Pandora, mir die Einzige!
Kein andres Glück verlang' ich, weder wirkliches
Noch vorgespiegeltes im Luftwahn. Bleibe mein!

Da verflüchtigt sich alles, es wird ungreifbar. Die Welt der Erscheinungen verbrennt zum Duft…

VOR DEM TOR DES LEIBES – DER HÜTER DER SCHWELLE

Der Leib verhüllt die geistige Welt. Mit seiner derben Dichte macht er die feinen geistigen Bildekräfte, die Taten und Wesen der geistigen Welt unsichtbar. Der Geistesschüler muss den Leib durchsichtig machen, dann wird er gleichsam selbst zum Auge, das die geistige Welt schauen kann. In Rudolf Steiners Buch ‚Ein Weg zur Selbsterkenntnis in acht Meditationen'[32] wird diese Tatsache klar dargestellt. Durch die Sinnesorgane mit den dazugehörigen Organen wird der Mensch aus dem Leib an dessen Oberfläche gebannt. Er kann nur von außen seinen Leib vorstellen und hat für die innere Wahrnehmung drei Sinneswerkzeuge zur Verfügung, die aber nur dumpfe Empfindungen geben. Der Leib wird nie eine solche klare Umgebungswelt, wie es die uns umgebende ‚große Welt' ist.

Das kann ein erschütterndes Erleben werden, wenn der Geistesschüler sich dieses Verhältnisses immer mehr bewusst wird. Wir werfen die Außenwelt in Vorstellungen in ein Gegenüber, unsere leibliche Innenwelt ist ein Unerkennbares, aber zugleich auch die dichte Masse, die sich vor die reale geistige Welt stellt, wie es der Mond bei einer Sonnenfinsternis tut. Wir können lernen, dass der Leib ein Mikrokosmos ist, ein getreues kleines Abbild

[32] Rudolf Steiner, Ein Weg zur Selbsterkenntnis des Menschen in acht Meditationen, GA 16.

dessen, was der Makrokosmos im Großen ist – wirklich wahrnehmen können wir es nicht. Die Vorstellung kann einleuchtend sein, sie kann sich als Begriff dem übrigen Begriffsorganismus eingliedern, und so ist sie mehr als ein Glaube geworden; aber eine erlebbare Wirklichkeit ist doch noch lange nicht erreicht.

Als Vorbereitung auf diese erlebbare Wirklichkeit mussten das Denken, Fühlen und Wollen als reale Kräfte kennengelernt werden. Das haben wir in den vorliegenden Betrachtungen vorausgesetzt, die dazu notwendige innere Arbeit wurde nur kurz, zusammengefasst, beschrieben.

Rudolf Steiner hat in seiner ersten Klasse der Freien Hochschule für Geisteswissenschaft in mantrischen Sprüchen Meditationen gegeben, die damals zu diesem Durchdringen und Erkennen des Denkens, Fühlens und Wollens führen konnten. Heute braucht man ein durchwolltes Denken, das sich schon ‚über Zeit und Raum' erhoben hat, wenn man diese Klassenstunden noch meditieren will. In dem von Rudolf Steiner gegebenen Grundstein liegt ebenfalls eine Art Keim dieser realen Erkenntnisse des Denkens, Fühlens und Wollens, aber zugleich auch der Keim zur realen Erkenntnis des menschlichen Leibes. In der ‚Philosophie der Freiheit' liegen ebenfalls die Anweisungen zum Verwirklichen der Erkenntnis. So findet man im ganzen Werk Rudolf Steiners, vom Anfang bis zum Ende, eine Fülle von Anweisungen.

Wir haben unser Denken jetzt so entwickelt, dass es nicht mehr abstrakt, sondern real denken kann – was dann eigentlich ein fühlendes Wollen, ein wollendes Fühlen mit der Bewusstseinsklarheit des Denkens ist. Ein ‚schauendes Bewusstsein' hat Rudolf Steiner es genannt.

Mit diesem Erkenntnisvermögen sind wir in die Sinne hineingegangen, systematisch vom ‚Zentrum der *Dinge*' (die reine Idee), zum Tor der Sinne der eigenen Leibeswahrnehmung herabgestiegen. Und hier nun werden wir uns unserer Erkenntnis-Ohnmacht erst recht bewusst.

Der Gleichgewichtssinn

Das Riechen eines Duftes war trotz seiner Flüchtigkeit noch immer eine klare Wahrnehmung. Der *Gleichgewichtssinn* scheint mehr eine *Fähigkeit* zu geben, etwas eher Reflexartiges, das unserer klaren Gewahrwerdung entschlüpft. Wenn sie gestört ist, z.B. in einer Menière-Attacke (eine Drehschwindelattacke), lernen wir den gesunden Gleichgewichtssinn erst richtig schätzen. Dank seiner sind wir problemlos in die drei Raumes-Dimensionen ‚eingegliedert'. Unser Leib ist dreidimensional, aber auch unser Bewusstsein dehnt sich in die drei Dimensionen aus, wenn wir in unserem gewöhnlichen Wachbewusstsein sind. Die Fähigkeit dazu gibt uns der Gleichgewichtssinn mit seinen drei halbkreisförmigen Kanälen. Nun wollen wir uns aber mehr von innen heraus veranschaulichen, was dieser Sinn gibt.

Wir steigen bewusst fühlend und wollend in die drei Raumeskräfte hinein. Wir fühlen, wir wollen Kraftlinien von unten nach oben, von oben nach unten, und erleben, dass es da ein Links und ein Rechts gibt. Da wir uns innerhalb unseres Leibes zu erfühlen versuchen, zeichnen wir es so (unten wird noch auf anderen Flächen hingewiesen):

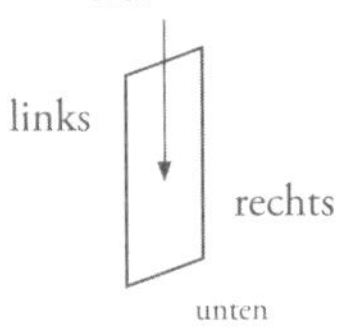

Eine sagittale Fläche fühlen wir als Kraftfeld in uns, außerdem ein ‚links davon' und ein ‚rechts davon'.

Dann aber fühlen wir Kraftströme von links nach rechts, von rechts nach links.

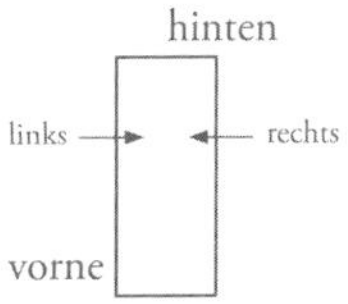

Eine frontale Fläche fühlen wir, dazu ein Vorne und Hinten.

Und nun fühlen wir Kräfte von hinten nach vorne, von vorne nach hinten. Dieses Kräftefeld teilt den Raum in oben und unten.

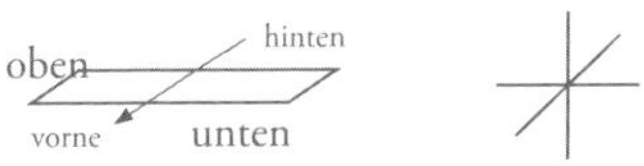

Ein differenziertes Kräftegebilde empfinden wir jetzt in unserem Leib, in Zusammenhang mit der großen Welt. Wenn der Mensch das intensiv machen kann, immer intensiver, dann wird er seine Leibesgestalt als dreidimensionales Kraftgebilde gewahr. Kräfte von oben nach unten, von unten nach oben, von hinten nach vorne, von vorne nach hinten, von links nach rechts, von rechts nach links.

Zusätzlich kann man die Angaben Rudolf Steiners hinzunehmen und diese real in das Kräftegebilde eingliedern, wollend, fühlend. Diese Angaben sind im Buch ‚Anthroposophie. Ein Fragment' zu finden, im Kapitel über die Gestalt. Es sind sehr konzentrierte, keimartige Ausführungen, die nur in der Meditation heranwachsen können, sonst erscheinen sie unverständlich und abstrakt. Die Schlussfolgerungen in diesen Ausführungen sind:

1. Die Gestaltung des physischen Menschenleibes ist in der Richtung von *oben* nach *unten* aus der höheren Geisteswelt bedingt.

2. Die Gestalt des Menschenleibes, insofern er Träger des astralischen Menschen ist, weist auf die Richtung von *hinten* (rückwärts) nach *vorne.*

3. Die Gestalt des Menschenleibes, insofern er Träger der Lebensvorgänge ist (ätherisch), weist auf die Richtung *rechts-links* und umgekehrt.

4. Das Ergebnis dieser Gestaltungen ist die vollständige physische Menschengestalt.

In den oben dargestellten und zum Erlebnis gewordenen Kräftefeldern finden wir, was wir als die Wirkungs-Richtungen und -Flächen der Wesensglieder erleben können.

Es ist eine erschütternde Erfahrung, die uns mit Ehrfurcht vor der Schöpfung durchzieht, wenn wir unseren Leib immer mehr als lebendige Kraft-Gestalt erfühlen, durchwollen dürfen. Wir empfinden, wie wir von ‚allen Seiten' als verschiedene Wesensglieder in unserem Leib bildend wirksam sind. Erschütternd ist es, weil wir unsere Einheit zu verlieren drohen. Denn wir fallen gleichsam in mehrere Welten auseinander und können das nur aushalten, wenn es einen ‚Dirigenten' gibt, der das Schöpfungsorchester zusammenhalten kann, auch wenn alle ihre verschiedenen Partituren haben.

Wenn wir aber in innerer Versenkung solche Kräfte meditieren, werden sie selbst Teil eines Kräftegebildes, das sich nicht an Flächen und Ebenen hält, sondern lebt und webt, von unten nach oben, von oben nach unten, ergriffen durch Kräfte von links nach rechts, von rechts nach links, modifiziert durch Kräfte von hinten nach vorne, von vorne nach hinten. Es gibt keine Flächen und Ebenen, nur dynamische Wellen, die die Gestaltungen erzeugen.

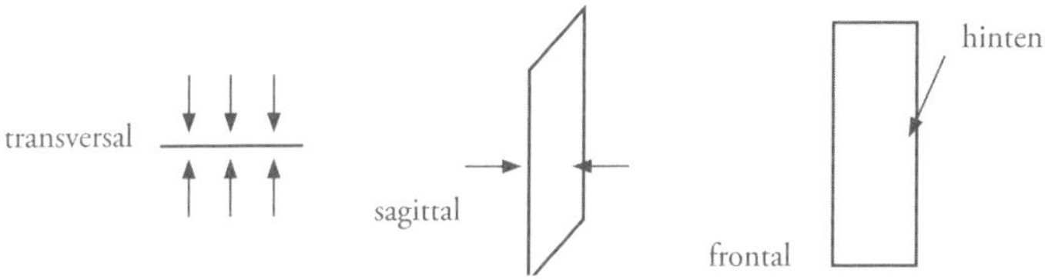

Eine Symphonie wird es, ebenso wie Musik steht das Gebilde nie still, bleibt nicht dasselbe, sondern gestaltet sich in fortwährend bewegten Formen. Es lässt sich kaum erfassen, denn was jetzt ist, ist jetzt schon nicht mehr.

Es bleibt eine große Schwierigkeit, dies aufzuschreiben. Der Leser kann es eigentlich nur selbst nachmachen und dann in sich ahnen oder erfahren, was gemeint wurde. So wie man das Hereinbrechen der Abenddämmerung nicht als Prozess, sondern als eine Reihe vollzogener Tatsachen erlebt, so kann man auch das hier Dargestellte erleben. Im inneren tätigen Nachvollzug aber kann der Leser das Lebendige der aufeinander einwirkenden gestaltenden Kräfte *als Prozess* erleben lernen.

Nun wenden wir uns der Gestalt noch einmal zu, jetzt aber als fertige menschliche Gestalt.

Wir können diese Gestalt vorstellen, zum Beispiel anhand des ‚vitruvianischen Menschen', den Leonardo da Vinci gezeichnet hat.

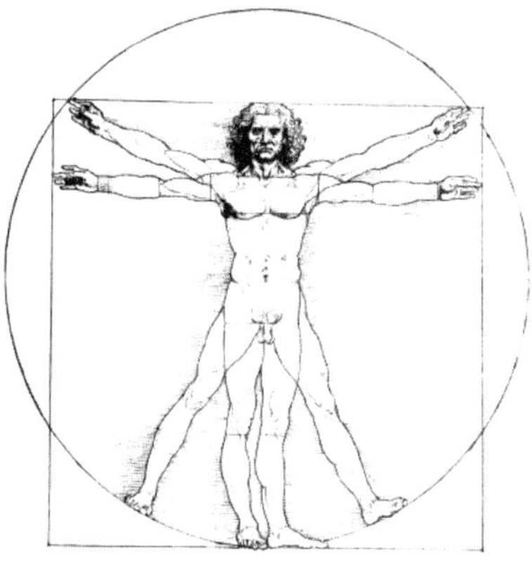

Hier haben wir die menschliche Gestalt vor Augen. Wir können uns meditativ in dieses Bild versenken und dann versuchen, in liebevoller Hingabe in den Nachwirkungen des Bildes zu leben. In dieser Tätigkeit liegt die volle Freiheit, obwohl wir *den Leib* meditieren.

Wir können diese Tätigkeit verstärken. Wir können innerlich – ohne Worte, ohne Begriffe, sondern plastisch vorstellend – das Haupt als aus dem Kosmos geformt, die Glieder als aus den Erdenkräften geformt erleben. Der Rumpf bildet das Bindeglied. Von oben nach unten, von hinten nach vorne, von links nach rechts und umgekehrt ist der Kopf gebildet. Die irdischen Kräfte durchziehen von unten nach oben die Glieder, was sich durch die beiden anderen Kräfterichtungen leicht modifiziert. Versenkt man sich in die eigene Gestalt, so kann man darin die von Rudolf Steiner in seinen okkultistischen Ausführungen genannten verschiedenen Gestaltungskräfte erleben, wie sie die Gestalt plastizieren.[33] Wir folgen genau seiner Anleitung.

1. Zuerst empfindet man diese wunderbare aufrechte Haltung, diese durch und durch menschliche Kraft, eingeschaltet in die von oben nach unten und von unten nach oben gehenden Kräfte. Als Widder-Prozess kennzeichnet Rudolf Steiner diese Gestaltungskraft. Wir brauchen das nicht nur zur Kenntnis zu nehmen, wir können es mit unserem verstärkten Kräfte-Erleben real empfinden.

2. Dann empfindet man die Kraft, die den Menschen nach vorne gestaltet, damit er sprechen kann, kommunizieren kann. Dies ist der Stier-Prozess.

3. Wir finden eine dritte Kraft in der Gestaltung zwischen links und rechts, sie führt zur Symmetrie. Das ist der Prozess, der zu den Zwillingen gehört.

---

[33] Rudolf Steiner, Der Mensch im Lichte von Okkultismus, Theosophie und Philosophie, GA 137.

4. Wir können Kräfte nach allen Seiten imaginieren, uns dann fühlen lernen, wollen lernen, und erleben, wie diese Kräfte an der Oberfläche unserer Gestalt den Abschluss finden. Es ist der Krebs-Prozess.

5. Dann finden wir in der mittleren Organisation, im Brustkorb, die beiden Organe, die mit der Luft kommunizieren, die mit Atmung und Zirkulation zu tun haben, Lunge und Herz. Das ist der Löwe.

6. Im Bauch gibt es die Organe, die sich nicht unmittelbar nach außen öffnen. Der Unterbauch gehört als Gestalt zur Jungfrau.

7. Vertiefen wir uns in die Balance. Wir stehen auf Füßen, die nur wenig Kontaktfläche zum Boden bilden; die Beine tragen die ganze, schwere obere Gestalt mühelos. Die Balance liegt in der Waage, und das ist die wunderbare Gestaltung unserer Hüfte mit den beiden Oberschenkelgelenken.

8. Dann liegen tief im Unterbauch die Organe, die zum Mysterium der Reproduktion gehören und die man auch als zur Gestalt gehörend empfinden kann. Hier findet der Okkultist die Kräfte des Skorpions.

9. Dann leben wir uns in unsere Glieder ein, unsere Arme sind dabei gleichartig wie die Beine gestaltet zu denken, nur haben sie eine ganz andere Bedeutung. Im gestaltenden Sinne jedoch stehen Oberschenkel und Oberarme unter dem Einfluss des Schützen.

10. Die Knie und Ellbogen gehören zum Steinbock.

11. Die Unterschenkel und Unterarme sind mit den Kräften des Wassermann verbunden.

12. Die Füße und Hände werden von den Kräften der Fische gestaltet.

So finden wir also Folgendes:

Aufrechtheit ♈
Hinordnung zur Tonbildung ♉
Das Symmetrische ♊
Abgeschlossenheit ♋
Inneres, sich Abschließendes ♌
Inneres in leiblicher Beziehung, ohne Beziehung zur Außenwelt ♍
Gleichgewichtslage ♎
Reproduktionsorgane ♏
Oberschenkel/Oberarm ♐
Knie/Ellbogen ♑
Unterschenkel/Unterarm ♒
Füße/Hände ♓

Es ist eine riesige Aufgabe, die menschliche Gestalt in dieser Weise, in plastisch fühlendem Wollen zu imaginieren. Es geht jedoch immer leichter, und daran empfindet man bereits die *Wahrheit* der Prozesse. Allmählich wird die Gestalt eine organische, wird ein Zusammenspiel von hohen geistigen Kräften, die zusammen die Gestalt formen, geformt haben. So fühlen wir wollend unsere tatsächliche, reale menschliche Gestalt, so wie sie in der Meditation in diesem Augenblick auch wirklich *da ist*. Wir leben immer noch im Gleichgewichtssinn, in demjenigen, was wirklich räumliche Gestalt ist.

In Rudolf Steiners Vorträgen wird eine solche Übung in größter Kürze beschrieben. Wenn wir aber wirklich eine intensive Imagination der menschlichen Leibesgestalt formen wollen, müssen wir uns dazu die Zeit nehmen, nicht nur in der einzelnen Übung, sondern auch in der Aufeinanderfolge der Übungen. Einmal genügt nicht – wie viele Male, das kann jeder für sich herausfinden. Die Mühe, die man sich macht, wird immer belohnt: Die fühlend-wollende menschliche Gestalt wird ein so starkes, kräftiges Gebilde, dass man sich in die Nachwirkung vertiefen, versenken kann und erleben kann, wie die Gestalt sich in der Nachwirkung ändert. Je realer man imaginieren konnte, desto realer ist auch diese Veränderung in der Nachwirkung. Eine wunderbare Ergänzung finden wir in einer Vortragsreihe Rudolf Steiners, wo diese Gestalt in den Himmel gezeichnet wird, in den Tierkreis:[34]

‚Das hat man bildlich in den alten Mysterien so vorgestellt, daß man den Tierkreis auch so ähnlich hingezeichnet hat, wie er hier an der Decke des Saales ist. Wir sind ja zufällig, wie man sagt – es gibt aber keinen Zufall –, in einem Saale, der oben mit dem Tierkreis geschmückt ist. Man hat den Tierkreis früher nicht so aufgezeichnet, daß er in seine entsprechenden Tierformen auseinandergelegt war, sondern so, daß man die einzelnen Menschenglieder hinzugezeichnet hat zu den betreffenden Regionen: zum Widder den Kopf; weiter dasjenige, was die Gegend des Kehlkopfes ist, zum Stier; was am bedeutsamsten

[34] Rudolf Steiner, Geistige Hierarchien und ihre Widerspiegelung in der physischen Welt, GA 110, 9. Vortrag.

ausdrückt die Symmetrie, die beiden Arme, zu den Zwillingen; den Brustpanzer zum Krebs; das Herz zum Löwen; und so ist man weiter gegangen, bis man die unteren Teile der Beine zum Wassermann, die Füße zu den Fischen gezeichnet hat. Also denken Sie sich einen solchen Tierkreis als Mensch in den Kosmos hineingezeichnet, dann haben Sie dasjenige, was aus dem Kosmos, das heißt aus den entsprechenden Kräften der Hierarchien der Throne, Seraphim, Cherubim heraus die ursprünglichen Anlagen schuf zum menschlichen physischen Leib. Das ist der große kosmische Mensch, der Mensch, der durch alle Weltensagen und Weltenmythen geht, aus dem der einzelne Mensch auf der Erde herausgebildet ist in den mannigfaltigsten Gestalten. Denken Sie an den Riesen Ymir, der ausgebreitet ist in dem großen Kosmos, denn der mikrokosmische Mensch wird aus dem Riesen gebildet. Sie haben ihn überall, den großen makrokosmischen Menschen, der da Schöpfer ist, der außen dasjenige enthält, was der Mensch in seinem Innern enthält. Denn es liegt eine tiefe Wahrheit solchen Darstellungen zugrunde, eine Wahrheit, die je nach dem hellseherischen Vermögen der Völker mehr oder weniger gebrochen zutage tritt. Und sie leuchtet Ihnen herein auch durch jene Weisheit, welche ihren äußeren Ausdruck gefunden hat im Alten Testament. Sie leuchtet herein in der Weisheit, die als althebräische Geheimlehre zurückgeht auf jene Geheimlehre, die dem Alten Testamente zugrunde liegt: im Adam Kadmon der Kabbala. Der makrokosmische Mensch ist kein anderer als der Mensch, den wir jetzt in den Kosmos hinein gezeichnet haben. Nur müssen wir uns in der richtigen Weise die Vorstellung davon bilden.'

Hier nähern wir uns wirklich der Schwelle der geistigen

Leibeswelt, wir nähern uns dem Hüter der Schwelle, uns wird gezeigt, in welcher Art und Weise dasjenige, was in den Religionen ‚die Erbsünde' genannt wird, die Versuchung durch Luzifer, auf den Menschen eingewirkt hat und noch immer einwirkt.

Hier wird der Erkenntnisweg tief moralisch, erschütternd und umwälzend. Zuvor hatten wir noch eine Art von Freiheit in den Erlebnissen. Wir formten selbst die Imaginationen der Sinne und drangen so immer tiefer in uns selbst ein. Der Leib wurde weniger *dicht* erlebt, immer durchsichtiger erlebt.

Jetzt hatten wir selbst uns die Gestalt, die äußere Form noch einmal sehr kräftig vor das geistig-seelische ‚Auge' gebracht. Ein räumliches Kraftgebilde wurde es, aber dennoch ein sinnlicher Leib, dicht wie der wirkliche physische Leib, so wie er als Gestalt imaginiert werden kann.

Wenn *diese* aber stark genug in den imaginativen Kräften wirkt, dann führt sie diese Imagination gleichsam selbst weiter. Eine tiefe Ehrfurcht tritt in das Empfinden ein, aber auch eine tiefe Traurigkeit. Die Seele vertieft sich, etwas Grauenvolles wird erlebt. In der Nachwirkung der tätigen Imagination der menschlichen Gestalt zeigt diese uns, dass sie zum Tode geweiht ist. In der Nachwirkung zerbricht die Gestalt.

Alle Menschen leben dem Tod entgegen, aber man kann ihn vergessen oder nur so an ihn denken, wie er für Andere da ist. In der Seelentiefe ruht das volle Bewusstsein der Todesbestimmung des menschlichen Leibes. Der Tod ist da, und der volle Umfang der Bedeutung, auch der moralischen Bedeutung, ist unbewusst in jeder Seele da. Er ist die tragische Seite der menschlichen Liebe. Je mehr zwei Menschen einander lieben, desto furchtbarer erscheint der Abschied, der beim Tode unwiderruflich kommt. Keine Liebe ohne die Gewissheit der zukünftigen Trennung... Damit lässt sich anscheinend nicht leben, diese Drohung muss vergessen werden. Man begegnet ihr jedoch immer wieder in Tragödien, Filmen, in der Musik.

Hier stehen wir also erst wirklich am Tor des verlorenen Paradieses, am Tor der Folgen der Erbsünde. Der Tod ist diese Folge, und das Zerbrechen der menschlichen Gestalt lässt uns dies erschütternd erleben. Denn hier gibt es kein Entrinnen, wir *wollen* uns nicht mehr von dieser Tatsache des Todes abwenden, wir haben die Erkenntnis des Todes ja selbst gesucht. Der Arzt hat reichlich Gelegenheit, den Tod als Realität zu erleben, jeder verstorbene Patient zeigt diese Realität in seinem Leichnam. Und auch der medizinische Laie wird in seinem Leben unausweichlich einmal am Totenbett stehen. Erschütternd ist das, aber man kann sich darüber hinwegsetzen.

In dem Moment jedoch, wo man in dieser Meditation den Tod anschaut, wo der Tod *so* real wird, kann man sich keine anderen Gedanken machen, keinen anderen Gefühlen widmen, nichts anderes tun, man kann nur tief erleben, dass das im höchsten Sinne Allermenschlichste, was der Mensch hat, seine Gestalt – dass diese vergänglich, verweslich ist. Sie kann man durch die Pforte des Todes nicht mitnehmen, der Leib bleibt auf Erden, und er wird in Stoff vergehen.

Zu diesem Leib gehören auch alle Gedanken, die sich nur auf das Leibliche, auf das Materiell-Irdische bezogen haben, wie auch alle Gefühle und Begehren, die damit zu tun hatten. Und so braucht es die Läuterungszeit, das Kamaloka, denn das bringt der Mensch nicht in einem Ruck zustande: sich davon zu befreien. Aus dem Leib *muss* er sich in einem Ruck befreien, die Sehnsucht nach dem Vergangenen bleibt aber noch lange Zeit, sie muss der Mensch sich gleichsam abgewöhnen.

So steht der Geistesschüler nun *nicht* dem Tode gegenüber, nicht so, wie wenn er wirklich gestorben sein wird. Denn er erlebt in der Imagination, was das Zerbrechen der menschlichen Gestalt ist, und er hat beim Hinuntersteigen in die Sinne seine irdischen Gedanken schon längst verlassen – denn dies musste er schon vollziehen, als er sich zum sinnlichkeitsfreien, über-leiblichen Denken aufschwang.

Hier, in diesem Augenblick, steht die strebende Seele vor einer erneuten Prüfung. Denn erschütternd ist das Zergehen der menschlichen Gestalt. In der Nachwirkung der Imagination dieser Gestalt weicht sie auseinander, sie erweist sich als mehrteilig, nicht als eine Einheit. Und sie hat *nicht* das ewige Leben.

Man fühlt, schaut, wie die Gestalt auseinanderfällt und zerbricht. Und jetzt kommt eine neue Möglichkeit. Man fühlt, dass es möglich ist, sich dem Tod zu entreißen, ihn als nichtig zu sehen, als etwas, was den Menschen gar nicht zu kümmern braucht. In das Gefühl tritt eine Art Erhebung, eine Verachtung dieses Todes. Man kann sich über ihn erheben, ihn für unwichtig erklären, für etwas, womit man nichts zu tun haben muss. Es gibt andere Kräfte, die es möglich machen, vom Tode ganz abzusehen. Dann kann man ja von der ganzen menschlichen Tragik absehen, auch von dem Anblick der eigenen menschlichen Unvollkommenheit, die mit der Tatsache des Todes zusammenhängt. Eine Art Stolz könnte man hier in sich aufnehmen, der es möglich machen würde, sich mit großen Flügelschlägen über sich selbst und den Tod zu erheben. Die Unvollkommenheiten und der Tod, sie scheinen absolut unwichtig, nichtig, überhaupt nicht der Beachtung wert. Diese Kraft ist der menschlichen Seele ganz eigen, sie hat unmittelbar mit dem Erlebnis des Todes zu tun, und sie entringt sich der Seele, um sie aus der Todesgebundenheit für immer zu befreien. Seelen-eigen stellt sie sich der Seele vor: ‚Folge deiner eigenen Kraft. Ich bin diese Kraft in dir!' Dann muss der andere Teil der Seele, das reine fühlende Wollen, wollende Fühlen, noch den Aufruf des Hüters der Schwelle hören, der der Seele zuruft: Schaue zurück auf denjenigen, der Du jetzt wirklich bist. Wer bist Du ohne Hilfe der gottähnlichen menschlichen Gestalt? Was ist die Aufgabe des sich immer wiederholenden Todes?

Und dann fasst die Seele den Mut zurückzuschauen. Was sie dann erlebt, könnte ganze Bücher füllen. Rudolf Steiner hat es vielfach und mannigfaltig angedeutet, seine Mysteriendramen geben die zu diesem Erleben führende Entwicklung bei verschiedenen Personen wieder. Auch in seinen Vorträgen findet man das Erleben von verschiedenen

Seiten geschildert; hier mehr von der Seite der Begegnung am Tor des Leibes, dort mehr von der Seite der Begegnung am Tor des Makrokosmos.[35] Diese Darstellungen Rudolf Steiners haben inzwischen eine mehr literarische oder kulturhistorische Bedeutung bekommen, als dass sie als Schilderungen realer geistiger Erlebnisse angesehen werden, zu denen jeder Mensch wirklich kommt, wenn er sein Streben nur weit genug treibt. Diese Tragödie der menschlichen Seele ist jedoch kein Theaterstück oder eine Allegorie. Die Fähigkeit zur Geisterkenntnis ist nicht etwas, was nur Rudolf Steiner hatte'. Sie ist aktuell, und sie will von der heutigen menschlichen Seele erfasst und erlebt werden. Sie gehört zu unserer Zeit, hat in ihr ihren Platz. Es ist nicht angenehm, sie zu erfahren, aber sie gehört so zum heutigen Leben, wie der Tod dazugehört.

Man kehrt sich durch den Ruf des Hüters der Schwelle also um, durch den Ruf des lauteren Teiles der eigenen Seele. Und da empfindet man, wer man durch die Erbsünde, durch die Einwirkung dieses Geistes, der uns über den Tod hinwegführen wollte, durch die Folge der Verführung Luzifers eigentlich geworden ist. Es ist gar kein Mensch, der uns, unserer Seele, da gegenübersteht, voll mit uns verwachsen. Es lebt da eine Dreiheit, die wir selbst sind, die sich als drei selbstständige Gestalten darstellt. *Lebende* Gestalten sind es, nicht tote Bilder. Sie *wirken*, sie bedrohen, sie zeigen. *Sie* sind wir selbst, wenn wir nicht

[35] Rudolf Steiner: Der Mensch im Lichte von Okkultismus, Theosophie und Philosophie, GA 137. Menschenschicksale und Völkerschicksale, GA 157, Vortrag vom 2.3.1915.

mehr die gottähnliche Gestalt haben, die uns menschlich zusammenhielt, und wenn wir nicht Luzifers Verführung folgen, die uns so, wie wir unter seinem Einfluss geworden sind, für fertig und vollkommen erklären wird.

Der Mensch war unsere Gestalt, sie ist vergangen.

Es ist an dieser Stelle nun wichtig, noch einmal auf andere Weise zu wiederholen, *wie* der Weg bisher gegangen worden ist. Denn es könnte möglicherweise doch wiederum das Missverständnis entstehen, dass hier ein leibgebundenes Hellsehen gefunden würde, vielleicht sogar dasjenige, was Rudolf Steiner ‚Bauchhellsehen' genannt hat. Dieses Missverständnis würde dann darauf beruhen, dass der erste Schritt des Weges, der eine absolute Grundforderung darstellt, übersehen wurde, einfach weil er fast immer übersehen wird. Dieses Missverständnis liegt also sehr nahe. Zum ‚*Bauchhellsehen*' kommt es, wenn man das Denken ausschalten lernt, *bevor* es leibfrei geworden ist. So kommt es auch zu einer unvollkommenen Mystik, einer ‚halben' Karmaforschung und einer unbewusst leibbedingten Bildekräfte-Forschung. Im letzteren Fall wird durch ‚Drosselung des Denkens' eine Art Hellsichtigkeit gefunden, die auch noch erkenntnistheoretisch begründet wird (Dorian Schmidt, Jürgen Strube, Markus Buchmann). Es entsteht dadurch der Anschein, dass es hier um eine Forschungsmethode ginge, die einigermaßen mit jener Methode übereinstimmen würde, welche Rudolf Steiner in der Vortragsreihe ‚Grenzen der Naturerkenntnis'[36] angedeutet hat.

Auf dem von *Rudolf Steiner* gegebenen Weg findet man jedoch zuerst das reine Denken der Philosophie der Freiheit, lässt dann die Gedanken außerhalb und ‚saugt' die Sinneswahrnehmung vorstellungsfrei, begriffsfrei auf, wodurch man objektiv in den Leib hineingeht und so die reale Imagination findet. Dies ist zugleich genau – nicht einigermaßen – derjenige Weg, der auch im hier vorliegenden Buch gegangen wird. Ich hoffe, zeigen zu können, wie unendlich viel heiliger, tiefer und auch wissenschaftlicher dieser Weg im Vergleich zur ‚Bildekräfteforschung' ist. Diese Aussage wird man mir auch wieder sehr übel nehmen, ich kann sie aber nicht auslassen. Der Unterschied liegt in der Mühe, die sich der Schüler machen muss, um sich mit dem Denken völlig in das leibfreie Element aufzuschwingen – und sich darin dann lange, immer länger, zu halten. Die Mühe liegt auch in der Läuterung der Seele, die zu einer Lebensaufgabe werden muss. Diese vollkommene Leibfreiheit des Denkens, die in sich auch ein Todeserlebnis darstellt, ist die Grundforderung für den weiteren Weg.

Vorstellen kann man sich den Weg schon vorher, und das ist sehr wertvoll, denn sie kann eine Art Reiseführer werden, diese Vorstellung. Selbst *gehen* kann man den Weg erst, *nachdem* das Denken vollkommen leibfrei geworden ist. Dann bleibt der Weg ein *Gedankenweg*, ein Weg des Denkens, obwohl das Denken von da an eine andere

---

[36] Rudolf Steiner, Grenzen der Naturerkenntnis, GA 322.

Art annimmt, eine reichere, sehr beherrschte Tätigkeit wird. Gedanken, Worte, Bilder, Begriffe, *sie* alle bleiben außerhalb des Leibes, als Gefäß des Egoismus, der *nicht* mitgehen darf. Nur die Gedanken*kraft* wird mitgenommen oder – anders gesagt – nimmt uns mit, indem wir sie als Gestaltungskraft der Sinneserlebnisse verwenden. Da wird das Denken ein Wahrnehmen, das Wahrnehmen ist ein Denken, in dessen Kraft das Fühlen und Wollen selbstlos mitgeht, mitgestaltet, miterlebt. Dies ist die erste Stufe der geistigen Verwirklichung des ‚Ausnahmezustands'.[37] Man denkt sich selbst – seine Sinne – *wahrnehmend.*

Nun betritt man den Leib in ganz anderer Weise, ganz neu. Wenn ich mein Arbeitszimmer betrete, so habe ich die ruhige und sichere Position, dass ich alles in diesem Zimmer objektiv anschauen kann, obwohl ich es selbst eingerichtet, mit Bücherschränken versehen habe; obwohl ich selbst die Papierbögen auf dem Schreibtisch beschrieben habe. Ich stehe innerhalb des Zimmers, bin aber zugleich objektiver Zuschauer. Ebenso gehe ich auch in den Leib hinein, wenn ich das oben beschriebene Erkenntniswerkzeug geformt habe. Ich gehe hinein, aber er ist außerhalb von mir. Im gewöhnlichen Leibesleben bin ich unbewusst in meinem Leib darinnen, damit verwachsen, so wie wenn ich mit den Wänden, den Bücherschränken, den Büchern, dem Schreibtisch, dem Papier, den daraufstehenden Buchstaben und Worten dumpf verwachsen wäre. Gehe ich als Mystiker

[37] Mieke Mosmuller, Das Tor zur geistigen Welt, Occident 2010.

unbemerkt doch wieder auf diese Weise zurück in den Leib und habe ich doch meinen Astralleib mit dem Ätherleib verbunden, ohne die völlige Leibfreiheit des Denkens, so bin ich kein exakter Hellseher und habe keinen objektiven Standpunkt innerhalb meiner Leiblichkeit. Ich bringe unbemerkt meine Lieblingsideen mit hinein und verdichte sie, mache sie so dicht, wie der Leib selbst es ist. So werden meine Ideen in das Vergängliche verdichtet, sie werden zu Dogmen.

Zuerst *muss* also die Leibfreiheit des Denkens erlangt sein, damit das Denken nur seine ätherische Qualität hat und alle Dichte verloren hat. *Das* ist *nicht* auch wiederum ein Dogma, es ist wirklich das erste Gesetz des Weges zum Geist. Der erste Schritt, wie auch immer er erlangt wird, ist: *völlige Leibfreiheit des Denkens*.

Bereits hier berührten wir das Tor des Todes, weil hier für das Denken alles abgelegt werden musste, was mit dem Körper zu tun hat. Dann gingen wir allmählich durch die Sinne in den Leib hinein, und weil unser Denken leibfrei geworden war, hatte unser Leib nur noch die allgemeinmenschlichen Qualitäten, denn unser Persönliches blieb draußen. Wir erkannten die Sinneswahrnehmungen also imaginativ, mit einer wollend-fühlenden Denkkraft, die nur *schaut* und *bildet*, bildet und schaut zugleich, aber keine Gedanken oder Begriffe formt.

So kamen wir zum zweiten Mal an das Tor des Todes, weil wir die menschliche Gestalt als vergänglich erfuhren. Und eine hohe Geistigkeit wollte uns verführen, uns darüber hinwegzusetzen. Eine hehre, blendende Lichtgestalt hat er, für ihn spielt die Wärme des Leibes, das Leben der menschlichen Organe keine Rolle. Er blendet mit seinem Licht und will verhindern, dass wir auf uns zurückblicken, damit wir nicht erfahren, wie unvollkommen wir noch sind. Die Prüfung ist hier eine Versuchung.

Dann aber schauen wir uns um, und wir sehen uns selbst. Eine auseinandertreibende Kraft trennt die einheitliche Seele in drei selbstständige Welten. Oben droht unser Denken sich zu verselbstständigen, uns zu entfliehen. Es hebt seine mächtigen Flügel, und wie eine *Adlergestalt* erhebt es sich. Hätten wir nicht all diese Prüfungen auf unserem Weg zum durchfühlt-durchwollten Denken bestanden, so könnten wir uns hier nicht halten. Denn während der Adler uns zu entfliehen droht, nimmt die Brust die Gestalt eines *Löwen* (mehr bei der Frau) an, der uns verschlingen wird; eines *Stieres* (mehr beim Mann), der uns auf seinen Hörnern mitreißen will. Unser Fühlen droht uns mitzureißen, zu verschlingen. Hätten wir es nicht durch unser Denken erleuchtet, durch unser Wollen geläutert, so wären wir ab jetzt Untertan des eigenen egoistischen Fühlens. Wir hatten es aber schon bei der Befreiung des Denkens aus dem Leib zu einem reinen moralischen Fühlen geläutert. Diese Kraft ist nun bei uns, und wir vermögen das Denken zu behalten, das Fühlen zu zähmen.

Es muss aber noch eine dritte Gestalt angeschaut werden. Es ist die eigentlich untermenschliche, die sich mit der Unternatur verbindet und auch das niedere Hellsehen verleiht. Es ist dasjenige an Wesenhaftem, was in uns aus der Schlange des Paradieses hervorgegangen ist. Das ganze Trieb- und Begierdeleben, die niedere Sexualität, die Haupt- und Todsünden aus Dantes Göttlicher Komödie leben sich hier aus und haben die *Schlange* zum wilden *Drachen* gestaltet. Hier lebt der eigentliche Doppelgänger des Menschen, in einer mehr oder weniger individuellen Prägung. Haben wir ihn einmal gespürt, so spüren wir auch tagsüber, wenn er ‚spricht', wir lernen ihn kennen, wir lernen ihn umgestalten. Er ist die niedere Seite des Wollens, und wenn wir die höhere Seite nicht schon erkannt hätten und wüssten, wie wir sie betätigen müssen, so würden wir den Drachen nie bewältigen können. Die moralische Selbsterziehung ist eine Willensfrage, das bewusste, gelassene Akzeptieren des Karma ist auch die Ausbildung der Tätigkeit des Eingreifens des höheren Willens. Aber auch die Befreiung des Denkens aus dem Leibe geschieht schon durch diese höhere Willenskraft. Sie nur kann den Drachen so umgestalten, dass er diesem höheren Willen ähnlich wird – vielleicht im Verlaufe mehrerer Inkarnationen, auch das liegt ja im Karma.

Wir schauen also unser niederes Selbst, hier, wo wir uns in den Gleichgewichtssinn vertiefen. Aber als Gegengewicht zu diesem niederen Selbst haben wir die heilende Kraft zur Verfügung, die die wilden Tiere zähmen und umgestalten kann, sie in heilsamer Art wieder als eins zusammenbringt, da-mit wir beim Übertreten der Schwelle zur geistigen Welt nicht zerrissen werden.

Diese heilende Kraft hatten wir ‚angezogen', hatten eine Beziehung zu ihr gesucht, als wir uns in der Herrschaft über das Denken übten. Diese Kraft ist der Sohn Gottes. In meinem Buch ‚Der Heilige Gral' beschrieb ich sie als ‚Zehrspeise', die in den heiligen Gral, in das geläuterte, moralische Wollen einfließt. In ‚Das Tor zur geistigen Welt' ist sie im ganzen Buch enthalten und erscheint am Schluss noch einmal *ausgesprochen* im letzten Kapitel: ‚Der Ausnahmezustand ist Christus'.

Hier, an der Schwelle des geistigen Leibes, vor dem Hüter, erleben wir dasjenige, was Rudolf Steiner ‚Das Mysterium Magnum' nennt, das große Geheimnis: drei sind eins und eins sind drei. Dieses Mysterium Magnum ist dann auch zum erhabenen Geheimnis der Mantren der ersten Klasse der Hochschule für Geisteswissenschaft geworden.

Auch Jakob Böhme sprach von diesem Geheimnis, er schrieb ein Buch mit dem Titel ‚Das Mysterium Magnum', es handelt von der Genesis. Das also sind die Erkenntnisse, die im Gleichgewichtssinn ruhen.

Und da teilt sich dann auch die äußere Gestalt in drei selbstständige Gestalten. Diese sind in der Vortragsreihe ‚Der Mensch im Lichte von Okkultismus, Theosophie und Philosophie' zu finden. Da dieses Sich-Teilen der einheitlichen Gestalt in drei selbstständige Teile für die Imagination des Hüters der Schwelle von größter Wichtigkeit ist, bespreche ich sie hier kurz. Man sollte sie mit der allerstärksten plastischen Kraft ehrfürchtig im fühlend-wollenden Bilddenken imaginieren. [38]

---

[38] GA 137, S. 121f.

Oberer Mensch

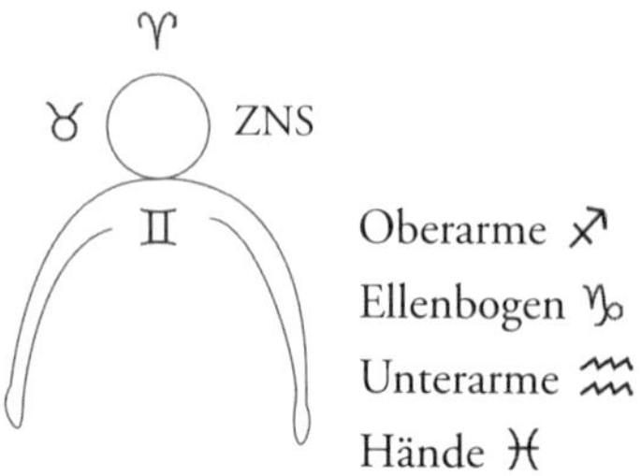

1. Aufrechtlage ♈
2. Richtung nach vorn ♉
3. Symmetrie ♊
4. Oberarme ♐
5. Ellenbogen ♑
6. Unterarme ♒
7. Hände ♓

Mittlerer Mensch

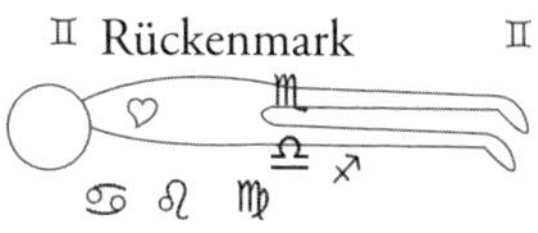

1. Kopf und Füße, Zwillinge ♊
2. Brusteinhüllung ♋
3. Inneres, Herz ♌
4. Bestimmung durch das zweite Innere ♍
5. Gleichgewichtslage ♎
6. Reproduktionsorgane ♏
7. Oberschenkel ♐

Unterer Mensch

Sympatisches Nerven System

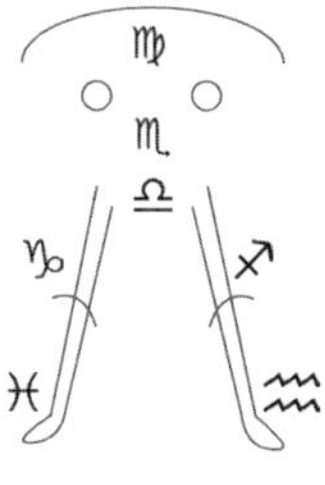

7. Füße ♓
6. Unterschenkel ♒
5. Knie ♑
4. Oberschenkel ♐
3. Reproduktionsorgane ♏
2. Gleichgewichtslage ♎
1. Nieren, Sonnengeflecht ♍

‚Während der Kopfmensch an die äußere Welt so angepaßt ist, daß wir sagen müssen: Er ist vorzugsweise durch dasjenige in seinen Kopforganen an die äußere Erdenwelt angepaßt, wodurch er diese Erdenwelt zu einer menschlichen Kulturwelt umgestaltet, so müssen wir dagegen sagen: In alledem, was die äußeren und auch die inneren Organe des untersten Menschen ausmachen, haben wir es nur mit etwas zu tun, was dem Menschen selber gehört, was dem Menschen selber dient. – Nur weil der Mensch nicht genau die Dinge überdenkt, findet er nicht heraus, wie enorm verschieden, wie grundverschieden diese drei Menschen in der gesamten Menschennatur sind.‘[39]

Hier muss all unser verbliebenes Philistertum im Vorstellen von uns abfallen können, um diesen Teil des Mysterium Magnum ganz gelassen und urteilsfrei mitvollziehen zu können. Hier hört alles Urteil auf, hier gibt es nicht mehr die Aussage: Ich kann es nachvollziehen oder kann es auch nicht: es muss einfach energisch *mit*vollzogen werden. Nur angenehm ist es nicht, aber es gibt reiche Aufschlüsse über uns selbst als eins in drei, als drei in eins.

Der obere Mensch ist der Außenwelt angepasst und dient der menschlichen Kulturwelt. Der mittlere Mensch ist der eigentlich organische Mensch, der im organischen Inneren lebt. Der untere Mensch gibt in der Handlung sich an die Welt zuruck.

Als bloße Erkenntnis bedeutet dies nicht so viel, sie vergeht schnell wieder. Als Stoff zur Imagination erschließt diese

[39] ebd., S. 118.

Erkenntnis jedoch das menschliche Mysterium, insoweit es die äußere Gestalt betrifft.

In der imaginativen Erkenntnis des Gleichgewichtssinnes findet der Mensch jenseits seiner Gestalt, jenseits der Raumeskräfte, jenseits der Versuchung durch Luzifer etwas, was auf eine Entwicklungsphase hinweist, in der die heutige Erde noch nicht da war. In der Geheimwissenschaft wird diese Phase mit dem Wort ‚Alter Mond' angedeutet.

Der Bewegungssinn

Nun haben wir den Gleichgewichtssinn durchschritten, durchlebt, und wir gehen noch tiefer in den menschlichen Leib hinein. In der Entwicklung zum leibfreien, reinen Denken strebt der Geistesschüler die Katharsis an. Es ist eine Reinigung des Denkens von Leib und Person. Rudolf Steiner hat in dem letzten seiner Vorträge über das Johannes-Evangelium[40] ganz klar ausgesprochen, dass es eine Ähnlichkeit zwischen der meditativen Arbeit am Johannes-Evangelium (christliche Einweihung) und der meditativen Arbeit an der ‚Philosophie der Freiheit' gibt. Inhaltlich kann man eine solche Entsprechung natürlich gar nicht finden. Im Arbeitsprozess jedoch liegt dieselbe Wirksamkeit: Läuterung der Seele, Katharsis. Der Meditierende reinigt seine Seele so, dass die Sehnsucht der Philosophie ihre volle Befriedigung findet: Die Seele wird jungfräulich, sie wird Sophia.

In meinem Roman ‚Mutter eines Königs'[41] habe ich dies, diese Umgestaltung, versucht, zu verbildlichen, indem ich versuchte, auch die Abirrungen in die Erotik so gefühlvoll wie möglich auszudrücken. Der Mann sucht in dem schönen Mädchen dasjenige, was er in sich selbst erzeugen soll. Die Erotik ist das Vergängliche, ist nur ein Gleichnis. Es ist das Ewig-Weibliche, das in der Seele jungfräulich werden muss – und dies gilt selbstverständlich auch für

[40] Rudolf Steiner, Das Johannes-Evangelium, GA 103, Vortrag vom 31.5.1908.

[41] Mieke Mosmuller, Mutter eines Königs, Occident 2004.

diejenige Seele, die im irdischen Leben eine weibliche Gestalt angenommen hat. Die Erotik ist die Passivität. Die Befreiung aus dem Leib – durch eine Befreiung des Denkens – kann sich nur vollziehen, wenn die Seele sich läutert, denn sonst bringt sie es nicht zustande, von *sich* und all ihren Lieblingsideen und -gefühlen abzusehen. Das bedeutet nicht die Forderung des Zölibats, es bedeutet die klare, ehrliche Einsicht in die Passivität und niedere Natur der Erotik und alles dessen, was damit zusammenhängt – die umfassende Wirkung der ‚Erbsünde', die Totalität der niederen ‚Natur' der menschlichen Seele –, ohne sich selbst vorzumachen, es sei doch alles auch irgendwo etwas Erhabenes, dieses Streben in der Erotik. Die Leibfreiheit des Denkens ist also ein und dasselbe wie die Katharsis der Seele. Es lässt sich leicht verstehen, weshalb die übrigen Wege zur Hellsichtigkeit mehr Popularität genießen, weshalb sie soviel leichter gegangen werden können, soviel schneller zu Wahrnehmungsresultaten führen. Die Befreiung des Denkens aus dem Leib erfordert eine starke Selbstüberwindung. Diese ist aber genau die *Kraft*, die das Denken erlangt und die es möglich macht, aufs Neue eine Verbindung mit dem Leib einzugehen.

Der Weg ist durch und durch moralisch. Will man dies nicht wahrhaben, gibt es zahllose Möglichkeiten, sich einzureden, dass man Recht habe, wenn man sagt, es *müsse* gar nicht so sein, es ginge auch anders. Wer jedoch eine Liebe zur Katharsis, zur Entwicklung der Moralität hat, sollte in allen irgendwo beschriebenen Wegen und Resultaten immer dieses mühevolle Suchen nach einer Läuterung der

Seele suchen. Ist dies nicht da, so hat man es mit Sicherheit nicht mit einem Weg zu jener Hellsichtigkeit zu tun, die von der Jungfrau Sophia ausgeht.

Sie trägt ein Kind, diese Jungfrau Sophia. Das Kind ist unsere zweite Geburt. *Diese* suchen wir in diesem Buch entlang dieses Weges zu erlangen. Und jetzt, wo wir zum Bewegungssinn vordringen, tun wir das Richtige, wenn wir uns den Leib eines jungen Kindes vor Augen stellen, eines Kindes, wie es auf dem Gemälde Raphaels auf dem Arm der Maria getragen wird: Die Sixtinische Madonna.

Dieses Bild lebt außerhalb von uns, wir könnten unsere Wiedervereinigung mit dem Leib nicht weiterführen, wenn wir es außerhalb *lassen* würden. Wir müssen uns also imaginativ damit vereinigen. Unsere strebende Seele wird Maria, die Gott aus sich gebärt (Angelus Silesius). Und Gott ist unser heiliger Leib, unser reiner Leib, so wie er in der allerersten Kindheit noch war, als der Leib noch ganz jung und völlig rein war. In seinem Buch ‚Die geistige Führung des Menschen und der Menschheit'[42] beschreibt Rudolf Steiner im ersten Kapitel die Kräfte, die im Kinde arbeiten, jene heiligen Kräfte, die der Christus selbst dem Kinde gibt. Eine heilige Scheu durchzieht uns, wenn wir diese Kräfte zu erfassen versuchen. In einer anderen Art sprach Rudolf Steiner über diese Kräfte in der Vortragsreihe ‚Exkurse in das Gebiet des Markus-Evangeliums'[43]. Dort gibt er das

---

[42] Rudolf Steiner, Die geistige Führung des Menschen und der Menschheit, GA 15.

[43] Rudolf Steiner, Exkurse in das Gebiet des Markus-Evangeliums, GA 124.

Bild von Orpheus, der mit dem Tode der Eurydike das Bewusstsein dieser Kindeskräfte verloren hat. Er geht in die Unterwelt hinein, um sie dort zu holen, darf sie jedoch nicht anschauen. Weil er es dennoch tut – er schaut sich nach ihr um –, verliert er sie endgültig.

Wir tauchen nun in den Bewegungssinn ein, und hier muss unsere Forschung eine andere Haltung annehmen. Bis zu diesem Punkt hatten wir unsere leibfreien Gedankenkräfte in ein imaginatives Anschauen umgewandelt. Wir imaginierten die Sinne und ihre Wahrnehmungsfähigkeit und ihre Wahrnehmungsinhalte, wir lebten in einem meditativen verbildlichenden Denken.

Jetzt müssen wir in *Bewegungen* untertauchen, und da hört die Möglichkeit zur Verbildlichung auf. Wir müssen uns wiederum einen Schritt weiter vom gewöhnlichen Erkennen entfernen. So, wie der Begriff auch wortlos gedacht werden kann, wie das Denken aber auch von wortlosen Begriffen absehen kann, um nur in Bildekräften zu leben, so kann es auch davon noch absehen – und bleibt doch immer *Denken.* Von einer ‚Drosselung' des Denkens darf nicht die Rede sein, das Denken muss gerade zur anderen Seite hin entwickelt werden: Der gewöhnliche Denkwille darf nicht in den Leib zurückfließen, sondern er muss sich nach oben umstülpen, damit er den Ätherleib teilweise und den Astralleib entsprechend ganz aus dem Leibe herausheben kann. Nicht weniger stark wird das Denken, es wird unendlich verstärkt – und falsch wäre es, ‚Denken' mit ‚Bewusstsein' zu verwechseln und zu meinen, die verstärkte

Andacht und Achtsamkeit – Bewusstseinsqualitäten – entsprächen schon einem solchen verstärkten Denken.

Das Denken wurde also immer stärker, zuerst in wortlosem Begriff, dann in der reinen Denkkraft, dann in der anschauenden imaginativen Denkkraft, die fühlend-wollend ist, und nun müssen wir von uns selbst fordern, dass sie auch die Imaginationen fallen lässt und sich in den Bewegungen des Leibes – in reinen Bewegungskräften – halten kann. Wir werden versuchen, die gewöhnlichen Empfindungen der Bewegungen, der eigenen Muskelbewegungen, zu erweitern.

Um uns in diese Kräfte der Bewegung zu vertiefen, nehmen wir sie also zuerst so, wie sie im jungen Kinde, in dem Gott auf Marias Arm, in uns gelebt haben. Sie sind noch immer da, diese jugendlichen Kräfte. Wären sie nicht da, könnten wir diesen meditativen Weg nicht beschreiten.

Man kann diese drei göttlich-geistigen Kräfte auch mit den drei Sinnen verbinden, die den Leib wahrnehmen: Gleichgewichtssinn (Aufrichten), Bewegungssinn (Sprechen), Lebenssinn (Denken).

Hier aber setzen wir unsere Untersuchungen fort, indem wir uns mit unseren Leibesbewegungen identifizieren und zuerst mit den jungen Kindeskräften – als Bewegungen – mit bewegen, um sie dann in uns selbst verstärkt walten zu lassen.

Da vereinigen wir uns zuerst mit der *Bewegung des Aufrichtens.* Wir brauchen dazu eigentlich nicht die Vorstellung des sich aufrichtenden Kindes – obwohl wir sie selbstverständlich imaginieren können. Unsere waltenden Denkkräfte sind ja inzwischen so intensiv und gleichsam verdichtet, dass wir sie rein in der Zeit verlaufen lassen können, in der Vereinigung mit demjenigen, was real in uns als Aufrichtekraft lebt. Das ist eine Bewegung, dieses Aufrichten. Wir sehen von der Gestalt ab, vertiefen uns nur in die *Bewegung* des Aufrichtens. Da das reine Denken, die reine Denkkraft schon mit den reinsten Jugendkräften verbunden ist, können wir zu Orpheus werden, der Eurydike schauen *darf*. Mit der alten Hellsichtigkeit war dieses Gebiet ein verbotenes. Mit der reinen Denkkraft darf man es betreten.

Was erkennen wir? Wir fühlen, wie der Mensch sich ganz aus der irdischen Schwerkraft herausheben darf, indem er sich aufrichtet und dadurch fähig wird, sein Ich auf die Erde hinunterzutragen. Es geht hier nicht um das ‚Was', es geht darum, zu erleben, wie die Bewegung der Aufrichtung vollzogen wird; es geht darum, wirklich darin leben zu können. Wenn ein Baby sich aufrichten lernt, ist das etwas Bleibendes, ein Übergang von der Horizontalen in die Vertikale. Man kann fühlend denken, wie da eine gewaltige Kraft wirkt, die später nur noch als eine Art Nachbildung da ist, zum Beispiel, wenn wir aufstehen.

Hier spielt der Raum noch eine Rolle, weil wir uns als Kind in ein anderes Verhältnis zu den drei Dimensionen brachten. Die Bewegung *selbst* jedoch kann man als eine qualitative Bewegungs*kraft* empfinden lernen.

Wir können ahnen, wie es musikalische Kräfte sind, die da wirken. Keinem Gemälde, sondern einer Symphonie gleicht diese Ahnung. Hinter dieser Ahnung könnte die ganze Herrlichkeit der Orphischen Mysterien gefunden werden, Mysterien der Sonne würden es sein, wo die reinen harmonischen Kräfte zum Klingen gebracht wurden. *Freude* ist diese Aufrichtekraft, *Mut, Tätigkeit.* In einer anderen Beziehung, die dem heutigen Planetensystem entspricht, wurde diese Aufrichtekraft von Rudolf Steiner als mit Saturn zusammenhängend bezeichnet. ‚Saturns weltalte Geistinnigkeit weihet uns dem Raumessein und Zeitenwerden.'

Die zweite Kraft, *die zweite Bewegung*, ist diejenige, die wir schon so durch und durch kennengelernt haben. Es ist das In-Bewegung-Bringen des Denkens und das *Bewegen des Denkens.*[44] Im gewöhnlichen Bewusstsein wird diese Bewegung nicht bemerkt. Im meditativen Denken, das durch die Leibfreiheit hindurchgegangen ist, ist diese Bewegung wahrnehmbar – genauso, wie man in ganz anderer Weise seine Muskelbewegungen wahrnehmen kann. Das Denken wird bewegt, zuerst bewegt der erwachsene Mensch es selbst, später in der meditativen Entwicklung *wird* es bewegt und sind gerade diese Bewegungen die Verbindungen zu geistigen Wesenheiten.

Wir sehen jedoch vom erwachsenen Denken ab und versuchen, in den elementaren Denkbewegungen des Kindes zu leben, zu erleben, zu kraften. Wie ein Suchen erleben wir diese Bewegung, wobei immer mehr gefunden

---

[44] Mieke Mosmuller, Suche das Licht, das im Abendlande aufgeht, Occident 1994.

wird. Vorsichtiges Tasten, Fragen, Vergleichen. Wir finden hier eine Denkbewegung, wie sie *vor* jenem Zeitpunkt ist, wo der voll ausgewachsene Baum der Erkenntnis die Denkbewegungen zu bestimmen beginnt. Ein zartes, lebendiges Suchen, ein vorsichtiges Hinschauen mit der Denkbewegung.

Auch hier können wir diese Sonnenmysterien, diese Orphischen Mysterien ahnen, wo die Bewegung noch zur Musik werden konnte, wo Apollo das Denken auf seiner Leier spielte, in der bewegenden Aufeinanderfolge der Töne und Harmonien, des Zusammenklangs der Begriffe, als Vorgabe des reinen Denkens.

Die Denkbewegung ist eine Jupiterische Bewegung. Mein Buch ‚Suche das Licht...' ist dieser Denkbewegung gewidmet, wo sie bis zu dem Punkt waltet, an dem sie ihren Sinn findet, sich zur Ruhe erweitert: im erlangten *Begriff*. Die Denkbewegung verbindet uns mit ‚Jupiters erstrahlender Weisheit'.

Die *dritte* Bewegung ist die Bewegung des Mars: *die Sprachbewegung*.

Wir versetzen uns wiederum in das ganz junge Kind in uns, das das Sprechen lernt. Bei der Erforschung des Sprachsinnes führten wir schon die körperliche Bewegung der Sprachorgane aus. Jetzt schauen wir noch tiefer, dorthin, wo das Kind in uns damals die Klänge und Konsonanten nachahmte. Wie wir am Wort auch denken lernten, wie das Wort das Denken bewegen kann, wie es dann im Erwachsenenalter gerade so sein soll, dass das Denken das

Wort bewegt. Im Übergang von der Sprache zum Denken, vom Denken zur Sprache finden wir eine übersinnliche Sprachbewegung. Da wird der Gedanke Wort, da wurde einst das Wort Gedanke. Da hat die Sprachbewegung auch etwas Musikalisches. Wie in einer Melodie die eigentliche Musik in den Übergängen zwischen den Tönen liegt, wie dort gerade die Übergänge entzückend oder abstoßend sind, wie sie das Wesen des Musikalischen umfassen, so lebt etwas Ähnliches gleichsam vor der Sprache, in der Bewegung zum Sprechen hin. Ein heiliges Wort lebt da, das gestaltendes Weltenwort ist, das kein Denken in Begriffen und auch kein Sprechen in Worten ist. Da lebt ‚des Mars erschaffendes Klingen'. Da berühren wir tief das Mysterium des menschlichen Leibes, denn da waltet das schaffende Weltenwort, das im Kinde einerseits zur Sprache führt, andererseits zur Vervollkommnung seines wachsenden Leibes.

Aber wir erleben in der Sprachbewegung auch dieses wunderbare Wallen und Wellen des Wortes, nicht nur die Wortformung, sondern auch den Rhythmus beim Sprechen, wie er in der Sprachgestaltung und in der Poesie verstärkt hörbar gemacht werden kann.

Auch hier wird der Gedanke nicht einfach regelrecht zum Wort, sondern werden die im Wort lebenden Betonungen und Klänge dazu verwendet, gleichsam *mehr* als Gedanken auszudrücken. Die Künste der Poesie, der Sprachkunst, der Eurythmie liegen hier als Keime verborgen. Da wird das Wort selbst Musik. Nicht indem es gesungen wird, sondern indem es wirklich ein eigenes Musikalisches offenbart. Auch diese Kunstformen führen uns zu den Orphischen

Mysterien zurück. *Apollo* spielt auf seiner Leier keine Töne, sondern Laute, Klänge, Eurythmen.

Hier, in diesen drei Teilen des Bewegungssinnes, liegt schon tief verborgen das christliche Mysterium, es liegt gleichsam hinter den Leibeserkenntnissen. So wird es begreiflich, dass Thomas von Aquin – im Gegensatz zu den gewöhnlichen Auffassungen – die Seele da am vollkommensten sah, wo sie mit dem Leib vereinigt ist.

In der Befreiung aus dem Leib, in dem Sich-Zurückziehen im Ausnahmezustand haben wir die erste Form dieses christlichen Mysteriums gefunden, die denkende Form. In der Vereinigung mit dem Leib wird es in einer undenkbar großartigen Form gefunden oder zumindest real geahnt. Und wenn wir jetzt noch tiefer in die Bewegungen hinuntersteigen, so finden wir auch die *dionysische* Seite der Mysterien.

Was im Gleichgewichtssinn als die Begegnung mit dem Löwen und dem Stier in der eigenen Wesenheit geschildert wurde, wird hier um eine Stufe mehr in der Realität erlebt. Denn die *vierte Bewegung*, in die wir objektiv hineingehen, ist die *Blutzirkulation*. Für das gewöhnliche Bewusstsein lässt sich diese erst dann dumpf spüren, wenn sie aus ihrer Regelmäßigkeit heraustritt. Vor allem eine Erregung lässt sich gut spüren. Das ist jetzt jedoch nicht unser Anhaltspunkt. Jetzt sind wir mit der reinen Gedankenkraft in die Sinne hineingestiegen, und im Bewegungssinn finden wir auch die Bewegungen, die nicht als Körperbewegung (Muskelbewegungen) ausgeführt werden, sondern die innerlich-leiblich-übersinnlich sind.

Im gewöhnlichen Dasein führt uns der Löwe des Herzens und der Blutzirkulation. Jetzt haben wir uns ihm gegenübergestellt (eine Steigerung des Ausnahmezustands) und wollen nicht von ihm überwältigt werden.[45] Das Blut ist Träger unseres Ich, aber dieses Ich führt uns jetzt nicht. Die Blutbewegung liegt in einem unterbewussten Gebiet, wo das Sonnengeflecht dafür sorgt, dass diese Prozesse unterbewusst bleiben. Wir hatten uns ganz vom pulsierenden Blut und seinem Mittelpunkt, dem Herzen, gelöst. Jetzt suchen wir die Blutbewegung gewollt wieder auf und versuchen, sie in ihrem Rhythmus zu spüren. ‚Von der Sonne erkraftet...'. Eine kosmische Gewalt treibt da die Bewegung, und wir spüren, wie sie durch unsere Gefäße strömt, zur Peripherie, zurück ins Zentrum, vom Zentrum zur Peripherie der Lunge, von hier zurück in das Zentrum, das Herz, und wiederum zur Peripherie, in Wellen fortbewegt, die im gewöhnlichen Dasein Pulsationen sind.

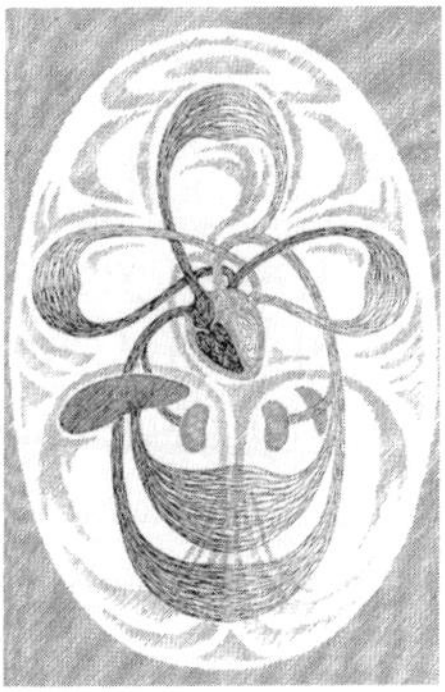

Blutkreislauf nach Lothar Vogel [46]

[45] Siehe Rudolf Steiner, GA 157, 8. Vortrag „Die drei Entscheidungen des imaginativen Erkenntnisweges".

[46] Lothar Vogel, Der dreigliedrige Mensch, Verlag am Goetheanum 1992.

Man kann dabei auch noch die Unterschiede in der Bewegungsgeschwindigkeit bedenken und schließlich auch empfinden. Dem Buch von Lothar Vogel verdanke ich das Bild jener Wellenform, die von Leonardo da Vinci gezeichnet wurde:

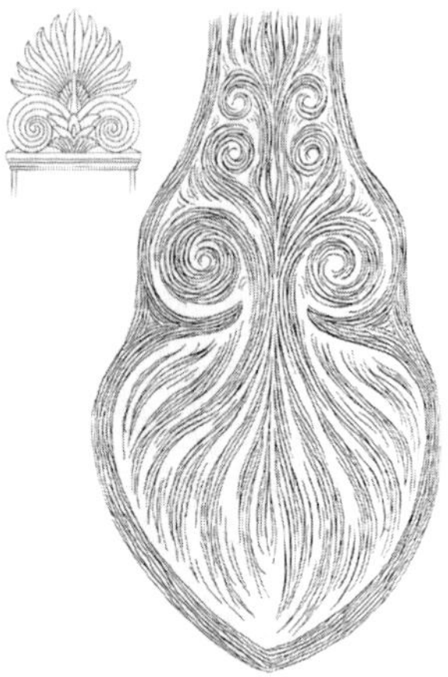

Wellenform nach Leonardo da Vinci [47]

Erst wenn der Geistesschüler sich dieser Regsamkeit in der Zirkulation völlig gegenüberstellen kann, wenn er nicht mehr davon ‚verschlungen' wird, ist sein Gefühlsleben vollkommen leibfrei geworden – und hat er den Löwen gleichsam ‚unter' sich, ist dessen Reiter geworden. Im später zu betrachtenden Lebenssinn schreiten wir noch eine Stufe tiefer in das Blut hinein. Jetzt ist es die Zirkulations*bewegung*, der wir auf die Spur kommen wollen, als reales intimes

[47] ebd.

Erleben und trotz der Intimität doch objektiv.

Die *fünfte Bewegung* ist die der *Atmung*. Sie ist wiederum leichter zu finden, weil sie sich halb ins Bewusstsein hinein erstreckt. Nach Rudolf Steiner lebt in unserer Lunge der Kentaur, halb Mensch, halb Tier. Dies ist ein Merkmal der Atmung, und es ist auch in der Bewegung zu spüren. Wir können fühlen, wie unser Leib sich bei jedem Atemzug wechselhaft verhält. Wir können empfinden, wie es Druck-Wechsel gibt, die sich im Leib fortpflanzen. Der Arzt, der bei Operationen dabei ist, kennt diese Bewegungen aus der sinnlichen Anschauung, sowohl die Zirkulation, die Pulsationen, als auch die ruhigeren Atembewegungen, die den lebendigen Leib durchziehen. Wer dies nie erlebt hat, muss es sich in der exakten Phantasie vergegenwärtigen, am eigenen Leib. Der Atmungs*vorgang* liegt im Lebenssinn, die Bewegung können wir in unserem Bewegungssinn erleben lernen, zuerst in ihrem bewussten Anteil, dann immer mehr in das Unbewusste hinein bewusst werdend. Wir finden den Luftmenschen, wie er beweglich den Leib durchzieht. Hier liegt der zweite Teil unseres Gefühlsmenschen, vielleicht hat er mehr eine stierähnliche Gestalt. Wir lernen hier, uns ihm gegenüberzustellen und ihn zu beherrschen.

Die Atmungsbewegung ist eine Bewegung, die Rudolf Steiner mit dem Geist des Merkur in Verbindung bringt. In einem anderen Zusammenhang nennt er ihn auch Venus, was damit zu tun hat, dass im Okkultismus eine Verwechslung der beiden stattgefunden hat. Wenn wir uns an die ‚Atmungsbewegung' eines Quecksilberbarometers erinnern, können wir die Entsprechung zwischen Atmungsbewegung und Merkur leicht empfinden.

Für die zwei übrigen Bewegungen hat das Alltags-Bewusstsein überhaupt keine Wahrnehmungsmöglichkeit. Hier kann der Mensch nur noch mit der geläuterten Seele, die sich mit den Leibesbewegungen verbinden kann, etwas erleben.

Die *sechste Bewegung* ist diejenige des *Säfte-Organismus*. Nicht des Blutes also, sondern des übrigen Flüssigkeitsmenschen: die Absonderungen der Drüsen, die Bewegungen im Lymphgefäßsystem, die Bewegung der Salzsäure im Magen, des Trypsin usw. in der Bauchspeicheldrüse, die Bewegung der Galle, die Harnbewegung und so weiter. Dies sind die Bewegungen der Venus – oder des Merkur –, und sie sind sehr schwer zu finden. Hier lebt als Dirigent der verborgene Luzifer, so wie er war, als er noch nicht ein Widersacher, sondern ein Bruder Christi war, also in der Entwicklungsphase der alten Sonne.

Die realen Wahrnehmungen fangen wiederum mit Ahnungen an, die durch die gesteigerte Konzentration und Durchhaltekraft zur Wirklichkeit werden. Auch sie sind Tor zu geistigen Welten, man ahnt, wie Rudolf Steiner durch alle diese Tore hindurchgeschritten ist, um seine umfangreiche Geisteswissenschaft begründen zu können. Dringt man zur Säftebewegung vor, so fängt der ganze Leib an, sich in Regungen zu offenbaren, überall spürt man Aktivität statt Leibesform. Alles ist regsame Bewegung, die wirbelt, sticht, kribbelt – die ermüdet. Ein Wasserfall, ein fortströmender Fluss, entgegenkommende Widerstände,

Verlangsamungen, Wirbel – nirgendwo Ruhe.

Die *siebente Bewegung* schließlich führt zum Allertiefsten, sie ist am schwersten zu erleben, schenkt aber, *wenn* sie rein erlebt wird, die Ahnung der allerhöchsten Erfüllung.

Es handelt sich um die Bewegung der Reproduktion. Nicht äußere Bewegungen sind hier gemeint, sondern tief innerlich-leibliche. Die Bewegung einer Eizelle, einer Spermatozoe, die Bewegung der Befruchtung, der Teilung, die ganze embryonal-fetale Bewegung und schließlich die Bewegung der Geburt. Es sind die anatomisch-physiologischen Bewegungen.

Es führt wirklich sehr weit, wenn wir uns mit unseren errungenen Forschungskräften in diese Bewegungen hineinbegeben. Man kommt da nicht in gleichgültige Bewegungen hinein, sondern in das allertiefste menschliche Mysterium. Zuvor standen wir vor dem Tor des Todes (Gleichgewichtssinn), hier ahnen wir das Tor der Geburt. Da werden die Bewegungsempfindungen zart durchzogen von heiligen Gefühlen, die man nie zuvor gekannt hat. Gefühlswirklichkeiten sind es, man ahnt das Buddhi im Manas. Die imaginativ-inspirativen Erkenntniskräfte werden von einer verjüngenden Wirkung durchzogen, alles Veraltete fällt ab, kann nicht weiter bestehen. Die erotisch-sexuellen Kräfte werden hier als eine Art lustvoll-egoistische Umstülpung ins Materielle erkannt. Eros ist nicht das Wesen, das hier, in den geläuterten heiligen Reproduktionskräften wohnt. Hier wohnt die andere Seite der Liebe, die geistigleibliche selbstlose Liebe als verjüngendes Wesen.[48]

Das Bild der Sixtinischen Madonna wird eine Realität. Als Wirklichkeit wird gefunden, was die Mystiker immer suchten, den Christus in sich, die Vermählung mit dem Christus. Was wirklich fromme, inbrünstig religiöse Menschen in sich selbst suchten, was sie als zarte belebende Ehrfurcht fanden, das wartet hier auf uns, um wenigstens ahnend als Wirklichkeit in den Reproduktionsbewegungen erkannt zu werden. Im Lebenssinn werden wir diese Ahnung in klare Geist-Erkenntnis sich wandeln fühlen. Im Bewegungssinn, ganz tief im Leibe verborgen, können wir, indem wir innig, ehrfürchtig, vorstellungsfrei und intensiv in die zur ‚Mondgewalt' gehörenden Bewegungen der Reproduktion eindringen, bereits ahnen lernen, wie Sophia befruchtet wurde und Gott aus sich gebar.

Im Werk von Novalis finden wir dieses Zarte, diese Liebe, als Erfüllung in den Worten, Bedeutungen, Rhythmen. Novalis hat viel über die Erotik, die Sexualität und vor allem über die Geschlechtsorgane geschrieben. Das könnte man leicht sexuell auffassen, und dies geschieht auch. Im Büchlein ‚Novalis über die Liebe' aus dem Insel-Verlag wird diese Seite in Novalis' Werk und Leben durch Texte beleuchtet.[49] Novalis kannte die Mysterien des Todes, er

---

[48] Rudolf Steiner, Geistige Zusammenhänge in der Gestaltung des menschlichen Organismus, GA 218, Vortrag vom 18.11.1922.

[49] Im Schlusskapitel meines Buches ‚Der Heilige Gral' habe ich diese Reproduktionskräfte in ihrem Zusammenhang mit dem heiligen Gral zu betrachten versucht.

war jedoch auch von den Mysterien der Geburt durchdrungen: [50]

‚Das schöne Geheimnis der Jungfrau, was sie eben so unaussprechlich anziehend macht, ist das Vorgefühl der Mutterschaft – die Ahndung einer künftigen Welt, die in ihr schlummert, und sich aus ihr entwickeln soll. Sie ist das treffendste Ebenbild der Zukunft.'

---

[50] Novalis, Aufzeichnungen 1798, in: Novalis und die Liebe, Insel Verlag.

In die verschiedenen Bewegungen erlebend sich hineinzufinden, war bereits schwierig. Sie sind für das Alltagsbewusstsein teilweise so verborgen, dass wir sie nur mit dem auferstandenen Erkenntnisorgan wahrnehmen können. *Können* wir dies jedoch einmal, so geben die Wahrnehmungen aus sich heraus auch die Erkenntnisse, sie *sind* Erkenntnis. Es ist zwar nicht so, dass in einem Augenblick *alle* Erkenntnisse da sind, es sind auch nicht *alle* möglichen Wahrnehmungen auf einmal da. Es ist eine Erleuchtung, ein immer mehr zunehmendes Aufhellen von etwas Verborgenem, das, indem es sich zeigt, zugleich seine Bedeutung gibt.

Der Lebenssinn kann, wenn er Pforte des Leibes wird, weiter im Unterbewussten liegende Vorgänge erleuchten, die mit dem Alltagsbewusstsein nur benannt und beschrieben, nicht bewusst erlebt werden können. Diese Vorgänge sind in der Wissenschaft sogar oft sehr gut untersucht und klar beschrieben worden. Es ist hier also notwendig, sich bewusst zu machen, dass wir *hier* eine solche Wissenschaft *nicht* anstreben.

Natürlich kann gegenüber den folgenden Ausführungen wiederum die Kritik ‚schwammiger Stil' erhoben werden, weil sie nicht im üblichen Sinne ‚wissenschaftlich' sind. Sie sind aber auch nicht ‚mystisch vage' oder ‚schwammig-esoterisch'. Die wissenschaftliche Sprache macht Halt vor dieser Pforte des Leibes, so wie es auch das wissenschaftlich-abstrakte Denken tun muss. Beide können nicht mitgenommen werden. Wir brauchen Bilder und Umschreibungen, um uns noch ausdrücken zu können. Und auch diese Ausdrücke erweisen sich noch als unzulänglich. In jedem Fall ist es sehr wichtig, sich diesen Unterschied noch einmal sehr deutlich zu machen: den Unterschied zwischen beschriebenen vorgestellten Prozessen und umschriebenen real erlebten Prozessen.

Dem Namen nach gibt es in den Bewegungen und in den Lebensvorgängen einige gleichlautende Benennungen. Ich werde versuchen, die Unterschiede hervorzuheben.

Der *erste Prozess* in der Lebenssphäre ist die *Atmung*. Hier haben wir also dasselbe Wort wie bei der Atmungs*bewegung*. Im Bewegungssinn fanden wir die Bewegung der Atmung. Hier steigen wir viel tiefer in die Atmung hinein, denn wir versuchen, sie als Vorgang zu erfassen. Biochemisch könnten wir hier den Krebszyklus betrachten. Darüber sind wir aber gänzlich hinaus, wir sind erlebend dabei und lassen uns gleichsam auf der Reise unseres Ich im Blut mitführen. Bei der Berührung mit der Atemluft in der Lunge *befeuert* sich das Blut, es verbrennt in der Oxydation. Reales Feuer erleben wir da, es lodert im Blut bis in das Gewebe hinein. Hier befeuert es das Gewebe, aber die ‚Gier nach Leben' in dem bereits durch die Kohlensäure ersterbenden Gewebe löscht das Feuer. Die Asche wird als Todeskeim im Blut durch das Herz hindurch zurück zur Lunge geführt, wo diese Todeskeime an die Außenluft abgegeben werden. Da draußen lebt der Zwillingsbruder oder die Zwillingsschwester, die Pflanze, die Verbündete, die eine umgestülpte Atmung vollführt und ihre Feuerkraft der Luft übergibt.

Kann man dies real – nicht als Bild – erleben, so ahnt man das Mysterium vom ‚Stein der Weisen'. Hier im Befeuern des Blutes, das wir der Pflanze verdanken, und im Ausstoßen der Todeskeime, die wiederum durch die Pflanze in Lebenskeime verwandelt werden, finden wir unseren ‚organischen Egoismus', die äußerste Konsequenz unseres seelischen Egoismus. Wir saugen das Leben gierig ein und geben dafür wie selbstverständlich den Tod zurück.

Auch hier im Gewebe ahnen wir das reale christliche Mysterium. ‚In Christo morimur' – und zugleich: ‚In Christus wird *Leben* der Tod'. Wenn der Mensch mit Ihm die Auferstehungskräfte aufnehmen könnte, dann bräuchte er die Gier nach dem Leben nicht mehr. Tief innerlich im Organgewebe des Leibes geht das Leben über in den Tod. Dort lebt auch die Auferstehung, aber durch den Egoismus dringen wir nicht tief genug in Ihn ein, passieren Ihn unbemerkt und werden im ewigen Kreislauf des Egoismus fortgerissen.

Der *zweite Lebensvorgang* ist die *Wärmung*. Die Wärme haben wir im Durchdringen des Wärmesinnes schon gefunden. Hier suchen wir die Erzeugung der Eigenwärme. Sie ist gleichsam eine Folge des ersten Prozesses, denn das Feuer im Blut gibt die Wärme, in der das Ich ‚inkarniert' ist. Die Wärme ist die Folge des ‚brennenden Blutes', und sie wird auch erzeugt, indem die Organe befeuert werden. Ein ‚Wärme-Mensch' entsteht so, mit verschiedenen Wärmegraden in den verschiedenen Organen. Dass die Wärmung sich an gewisse Grenzen hält, ist auch wiederum ein Mysterium des Lebens. Das Erfühlen dieser Grenzen, die im Lebensorganismus als eine Art ausstrahlende Gesundheit immer in richtigem Maße da sind, hat Goethe in berührendster Weise ausgedrückt:[51]

‚Wenn die gesunde Natur des Menschen als ein Ganzes wirkt, wenn er sich in der Welt als in einem großen, schönen, würdigen und werten Ganzen fühlt, wenn das harmonische Behagen ihm ein reines, freies Entzücken gewährt, dann würde das Weltall, wenn es sich selbst empfinden könnte, als an sein Ziel gelangt, aufjauchzen und den Gipfel des eigenen Werdens und Wesens bewundern.'

Da wäre der Mensch der Zusammenklang mit dem schaffenden Weltenwort. In der genau im richtigen Maß erzeugten und erhaltenen Wärme ahnen wir diesen erhabenen Zusammenklang, wo das Menschen-Ich in der Wärme *das Gute* findet. In der Wärmung finden wir eine Entsprechung zwischen Mikrokosmos und Makrokosmos.

Noch in einer anderen Weise stehen wir in Verbindung mit der Außenwelt. Das ist der *dritte Lebensprozess:* die *Ernährung*. Tiefer als Geruchs- und Geschmackserlebnisse, als Speichelbildung und die Empfindung des Hungerstillens

---

[51] Goethe, Winckelmann und sein Jahrhundert.

müssen wir unser Forschen nun wiederum in den Leib hineinerstrecken. In einer Art Tasten ‚spüren' wir uns mit der reinen Kraft des Denkens, Fühlens und Wollens hinunter, hinein in die unbewussten Tiefen, die unsere Nahrung aufnehmen.

Die Naturwissenschaft, die Medizin, weiß, dass die Nahrung auf ihrem Weg völlig in Auflösung gerät. Schritt für Schritt wird sie abgebaut, bis in die einzelnen Elemente. Speichel, Magensäure, Bauchspeichel, Galle sind alles sehr ‚heftige' Stoffe, die die Nahrung abbauen.

Was die Medizin aber nicht ohne weiteres entdecken kann, ist, dass dieser Abbau nicht genügt. So wie es ein Immunsystem gibt, das alles Fremde durch Bildung von Antistoffen abwehrt, muss auch die Nahrung, auch wenn sie bereits zerfallen ist, doch noch so verändert werden, dass sie alle Außenwelt abstreift, bevor sie in die Nähe des im Blut lebenden Ichs kommen darf. Wird sie schließlich in dieses Blut aufgenommen, vergeht sie im Feuer des Blutes noch weiter. Erst dann ist sie geeignet, am Wachstum und der Erhaltung des Körpers Anteil zu haben. Hier, in der Ernährung, muss also jede Entsprechung zwischen innen und außen verfallen. Bleiben Spuren der Außenwelt bestehen, so entsteht allmählich Krankheit.

Nun lässt sich verfolgen, wie dasjenige, was im Blut aus der Nahrung geworden ist, die *reine mineralische* Substanz ist, die nach dem Läuterungsfeuer übriggeblieben ist, wie diese nach oben geht, zum Gehirn – vor allem zur Hypophyse –, und wie von der anderen Seite, von außen, durch die Sinne, ebenfalls eine bis ins Feinste gereinigte Substanz einfließt, vor allem zur Epiphyse. Da irgendwo muss sich Amfortas befinden, der immer wieder durch das unlautere Blut, durch die unlauteren Sinneseindrücke verwundet wird; und zu Amfortas strömen diese beiden Seiten der reinsten Substanz – vielleicht ist sie dasjenige, was Jakob Boehme mit dem merkwürdigen Wort ‚Salitter' bezeichnet, die reinste spirituelle Substanz, die Gralssubstanz. Wenn dieser Amfortas durch den unerkannten Egoismus sehr ‚angesteckt' ist, macht ihn die Gralssubstanz nur noch kränker. Erkennt der Mensch jedoch den Menschen Amfortas in sich – der da erkennt, ist Parsifal im Menschen –, so kann die heilige Gralssubstanz seine Krankheit heilen.

Auch hier liegt eine Wirkung des christlichen Mysteriums. Erfühlen können wir, dass es noch eine Art Umstülpung dieser Substanzen gibt: Die Substanzen der Ernährung nähren das Gehirn, indem sie Lichtsubstanz werden, die Sinnes-Substanzen, die Licht-Natur haben, stülpen sich um in das Materielle und nähren den übrigen Leib. Durch das imaginierende Mitgehen mit den Substanzen lernt man, das Beschriebene zu erfühlen, zuerst als Kräfte, dann immer differenzierter: die Kräfte differenzieren sich, lassen sich unterscheiden. Was wir als Erkenntnisse Rudolf Steiners bereits haben, lässt sich hier verwirklichen. Mysterienstätten sind die Lebensvorgänge, Pforten zum heiligen Leib, wo das wahre Mensch-Sein gefeiert wird.

Der *vierte Prozess* ist *die Absonderung*. Absonderung kennen wir als Begleiterscheinung der Ernährung, als Freiwerden der Enzyme zum Beispiel, aber auch als Absonderung von

Stoffen, die nicht brauchbar sind. Daneben gibt es die Absonderungen in den Nieren und die Absonderung der Drüsen, z.B. Schweißbildung, aber auch Ausschüttung von Hormonen.

Wenn die geistige Erkenntniskraft groß genug wäre, könnten wir alle diese Prozesse verfolgen und erleben lernen, was sie ihrem Wesen nach sind. Jetzt aber beschränken wir uns: Wir untersuchen das Wesen aller Absonderung, wir tauchen darin ein und versuchen, mit der Absonderung mitzugehen. Selbstverständlich haben wir immer einen Führer auf unserer Reise, bei dem wir Rat holen können, der immer das Richtige für uns bereit hat. Im ganzen Werk Rudolf Steiners finden wir Anweisungen verschiedenster Art, auch bezüglich der Absonderung. Auf unserem Wege bedeutet dies nicht, dass wir diese Erkenntnisse memorieren oder wiederholen wollen. Sie führen uns auf unserem selbstständigen Weg in den Lebensvorgängen des Körpers.

Wenn die Nahrung durch den Magen-Darm-Trakt geht, kann sie nicht so bleiben, wie sie war. Überall im Verlauf dieses Traktes begegnet die Nahrung Widerständen, wodurch sie sich ändern muss. Teile der Nahrung können weiterbenutzt werden, andere werden gleichsam entfernt, abgestoßen. Aber auch im Blut verläuft es so. Der Sauerstoff wird aufgenommen, die Kohlensäure ausgeschieden. Auch die Nahrungssubstanzen werden, wenn sie genügend vorbereitet sind, in das Blut aufgenommen und dann z.B. in der Leber doch wiederum verändert. Die Leber selbst ist am Abbau des Blutes beteiligt und sondert die Galle ab, die ihrerseits wieder am Abbau der Nahrung beteiligt ist. Diese Beschreibungen sind notwendig, um sich in den Prozess hineinfinden zu können, aber sie führen doch auch wiederum vom Weg ins Innere der Absonderung fort, denn sehr leicht wird alles einfach zur *Vorstellung*.

Tauchen wir tiefer in das Wesen der Absonderung ein, so erleben wir, dass wir uns dadurch als ein selbstständiger Leib empfinden. Durch die Absonderung wird alles abgewehrt, was wir uns nicht zueigen machen können, was also abgewehrt werden *muss*, wenn wir einen sich selbst tragenden Organismus als Leib haben sollen. Es ist die Weisheit unserer Lebensvorgänge, die diese Absonderung führt und leitet, nicht unsere Willkür. Unser Körper wirft bestimmte Substanzen aus einem Prozess heraus, und das gibt uns dieses unbestimmte, aber sichere Gefühl, einen eigenen Leib zu haben, der auf sich gestellt ist.

In meinem Buch ‚Der lebendige Rudolf Steiner'[52] habe ich das ‚lebendige Lesen' seiner Bücher und Vorträge mit diesen Lebensvorgängen verglichen. Der Mensch, der es lernt, bewusst mit seinem Ätherleib zu denken, denkt mit einem Wahrheitsorganismus, der einer sich selbst tragenden Wahrheit entspricht. Nicht, dass diese Wahrheit eine abgeschlossene wäre, sie dehnt sich für das Bewusstsein des Menschen immer weiter aus. An sich aber ist sie eine in sich selbst beschlossene, sich selbst tragende Wesenheit.

Hat der Mensch die Fähigkeit erlangt, mit diesem Wahr-

---

[52] Mieke Mosmuller, Der lebendige Rudolf Steiner, Occident 2008.

heitsorganismus – dem Ätherleib – zu lesen, so treten auch da Absonderungsprozesse auf. Denn alles dasjenige, was sich mit diesem Wahrheitsorganismus nicht verträgt, wird abgesondert. Das bedeutet nicht, dass diese Absonderungen unnütz wären. Sie müssen da sein, um das Bewusstsein der Wahrheit zu erleuchten, zu erkraften.

Im Werk Rudolf Steiners jedoch ist dieser Wahrheitsorganismus zuhause, er fühlt sich da beheimatet. Gerade *weil* da nichts abgesondert zu werden braucht, kann man da die Gedanken viel leichter gleichzeitig denken und anschauen; so entsteht das ‚Selbstbewusstsein des Denkorganismus'.

Diese Lage ist eine außergewöhnliche. Meistens ist das Lesen eine Abwechslung von ‚Nährung und Absonderung'. Das ist bei allen anderen Arten von Lesen der Fall, es beruht meistens auf der persönlichen Meinung, die ‚ja' oder ‚nein' zu etwas sagt. Denkt ein Mensch mit seinem Wahrheitsorganismus, so geschieht dies in gelassener Hingabe, die persönliche Meinung bleibt gleichsam abgesondert im Gehirn zurück. Nährung und Absonderung gehen da ebenso ‚natürlich' vor sich wie im menschlichen Leib. Die Möglichkeit zu einem solchen Erkennen hat jeder Mensch. Er muss sich nur mit seinem Denken ‚über Ort und Zeit' emporschwingen, damit es nicht mehr die persönlichen Gedankenspiegelungen sind, die das Erkennen bestimmen, sondern die Wahrheit im Weisheitsleib (Ätherleib) selbst.

Der *fünfte Prozess* führt uns wiederum in die geheimnisvollen Kräfte des Leibes hinein. Es ist die ‚*Erhaltung*'. Der wunderbare Bau des menschlichen Leibes – nicht nur der Gestalt nach, sondern auch bezüglich seines inneren Baus, der Gestaltung der Gewebe, Organe, Gefäße, Nerven usw. – erhält sich in seiner Form und Funktion selbst. Äußerlich sehen wir das in der Begrenzung durch die Haut.

Stellen wir uns die Gesamtheit der Bildekräfte vor, wie wir sie bis jetzt kennengelernt haben, wie wir in ihnen gelebt haben. Es ist ein geheimnisvolles, weisheitsgeführtes Geschehen, in dem die Prinzipien der verschiedenen Gestaltungen gehandhabt werden. Unser Imaginieren ist nicht eine überschauende Fähigkeit, wir leben im Bilden, und wenn wir intuitiv überschauen wollen, schauen wir nicht detailliert. Aber wir *haben* in diesen Gestaltungen bis jetzt mehr oder weniger bewusst gelebt, und so haben wir doch einen sicheren Eindruck davon. In diesem Eindruck werden wir eine Art Begrenzung gewahr, empfinden wir, dass die Bildekräfte maßvoll gestalten. Es existiert eine unsichtbare, aber trotzdem imaginativ-inspirativ wahrnehmbare menschliche Form, ein *Formkräfteleib*, der schon der menschliche Leib ist, aber ohne Materie. Nur nicht-sinnlich erfassbar ist dieser Form-Leib, aber die geschulten Denkkräfte sind mit ihm eins. Der *lebendige Begriff des menschlichen Leibes* ist dieser Form-Prozess-Leib. In der Tiefe des Lebenssinnes finden wir den Begriff wieder, diesmal als einen lebendigen Begriff.

Hier berührt der Mensch in der realen Erkenntnis die Tiefe der menschlichen Organisation; da, wo der Ätherleib mit dem physischen Leib in Berührung tritt, wo ein Übergang liegt. Zwischen dem ätherischen und physischen Leib liegt dieser Lebensvorgang, der bis in die materielle Gestaltung geht, der aber selbst nicht materiell werden kann. In ganz anderem Zusammenhang hat Rudolf Steiner diesen Geist-Leib ‚Phantom' genannt, damit den menschlichen Spross der Auferstehungsleiblichkeit andeutend, in der Christus aus dem Grab auferstanden ist.[53] Unser lebendiger Begriffsorganismus wird hier mit dem christlichen Mysterium der Auferstehung in Berührung gebracht.

Der *sechste Vorgang ist das Wachsen*. Der Stoff wird nicht nur in der richtigen *Form* erhalten, es wirkt im lebendigen Leib auch die Wachstumskraft. Diese hatten wir auch schon außerhalb des Leibes kennengelernt, als wir erleben durften, dass das reine Denken zur lebendigen *Kraft* wurde. Wir konnten sie erleben, wenn wir zum Beispiel an einem Weizenfeld standen. Wir konnten sie in der Meditation aber auch rein an sich, als Sprießen und Sprossen des Denkens erleben. Im sechsten Lebensvorgang finden wir ihr Zuhause. Sinnlich können wir das Wachsen nirgends wahrnehmen, wir sehen nur die Resultate. Im lebendigen, sprießenden, sprossenden Denken ist die Denkkraft mit der Wachstumskraft identisch.

Das Phantom gibt auch hier das richtige Maß. Ich sage hiermit nicht, dass das Phantom Christi in allen menschlichen Leibern voll entwickelt da ist. Der Mensch hat ein Phantom, das noch den Stachel der Erbsünde trägt.

---

[53] Rudolf Steiner, Von Jesus zu Christus, GA 131.

Es ist das Phantom, das zum ‚ersten Adam' gehört. Aber der Keim zum christlichen Phantom lebt darin, und dieser kann wachsen, bis er ein Spross des Phantoms des ‚zweiten Adam' geworden ist. Dazu brauchen wir die Kräfte der ‚zweiten Geburt', und diese liegen als Keim in dem siebenten Lebensvorgang verborgen, in dem Mysterium der Reproduktion.

Diesen *siebenten Vorgang, die Fortpflanzung*, finden wir nun nicht als Bewegung, sondern als wirklichen Vorgang mit einer weitreichenden Bedeutung.[54]

Novalis hat sich, wie erwähnt, in diese Mysterien der Befruchtung vertieft, in seinem Werk leben diese Kräfte als heilige christliche Erfüllung.[55] Und tatsächlich finden wir in der Befruchtung das Wesen des Christlichen. Wir müssen aber von allen Trieben und allem Begehren absehen

---

[54] In meinem Buch ‚Der Heilige Gral' konnte ich die Betrachtung, die Untersuchung noch nicht bis in diese ätherische Tiefe hineinführen. Im Buch ‚Der Da Vinci Code' von Dan Brown wurde der Heilige Gral profanisiert und als Mutterschoß der Maria Magdalena vorgestellt, die die Frucht der Befruchtung durch Jesus Christus trug. Gegen diese grobe Profanisierung habe ich mich in meinem Buch gewendet.

[55] In meinen ersten vier Romanen (Mutter eines Königs, Gardevieas, Lotus und Lilie, Ballade in g-moll) habe ich den Versuch unternommen, diese Befruchtung von zwei Seiten zu schildern, zuerst geistig-seelisch, dann aber auch an der Grenze der keuschen körperlichen Reproduktionskräfte und der erotisch-sexuellen Kräfte. Die Erotik bildet dann gleichsam das Bindeglied, weil sie einerseits so keusch und zart sein kann wie die Reproduktionskräfte selbst, unmöglich jedoch in der Sexualität. In diesem Spannungsfeld werden die Liebesverhältnisse von vier Standpunkten aus geschildert, nämlich so, wie sie vom Ich-Standpunkt, vom seelischen Standpunkt, vom ätherischen Erleben und letztlich vom groben physischen Standpunkt aus erlebt werden.

können. Die Befruchtung an sich ist keusch, auch wenn sie durch Triebe ausgelöst wurde. Sie selbst ist keusch, und sie stellt die vollkommene Vereinigung von zwei Extremen dar, wodurch das Gleichgewicht hergestellt wird, das wir in der hohen, heiligen, gleichgewichtigen Gestalt des Menschheitsrepräsentanten ausgedrückt finden. Jede Befruchtung ist eine heilige Vereinigung von zwei Extremen. So lange man dies noch lächerlich finden kann, es verspotten möchte, sich unbehaglich dabei fühlt, ist einem der Zutritt zu diesem Vorgang absolut verwehrt. Allein die absoluteste innere Ruhe, die volle ehrfürchtige Hingabe führen dorthin.

Christus kann auch deshalb keine leibliche Befruchtung zustande gebracht haben, weil gerade er das vollkommene Gleichgewicht zwischen den Extremen *ist.* Als *Mann* wäre er selbst extrem. Tief im Leibesleben führt der Christus Mann und Frau gleichsam zum Altar der Vermählung, zur Befruchtung.

Es muss hier der inneren Schau überlassen werden, was wir in diesen Tiefen finden. Das schriftliche Wort ist zu beschränkt, zu profan. Als Anregung zu dieser inneren Schau gebe ich hier ein Zitat aus Rudolf Steiners Zyklus ‚Eine okkulte Physiologie' wieder:[56]

‚Was zeigt uns nun der Okkultismus in bezug auf die hierbei obwaltenden Verhältnisse? Er zeigt uns, daß unter den heutigen

[56] Rudolf Steiner, Eine okkulte Physiologie, GA 128, S. 174ff.

physischen Bedingungen der weibliche Keim [Entoderm] nur imstande ist, eine solche menschliche Körperanlage zu produzieren, die, wenn sie sich einzeln entwickeln wollte, nicht das entwickeln könnte, was wir das Formprinzip nennen, das zuletzt zur Einlagerung des Knochensystems führt, das dem Menschen seine Festigkeit gibt; und auch das Hauptsinnessystem würde nicht durch den weiblichen Keim geliefert werden können. Es ist der weibliche Keim so angelegt, daß man fast sagen könnte, das, was da entsteht, würde zu gut sein für die Welt, so wie sie heute besteht, denn es sind nicht alle Prozesse in der äußeren physischen Welt vorhanden, welche einem solchen Organismus notwendig wären. Dieser weibliche Menschen-Organismus könnte sozusagen nicht bis zu jener ‚Vererdigung' fortschreiten, wie sie in dem eingelagerten Knochensystem zum Ausdruck kommt, und er hätte nicht die Möglichkeit, verbunden zu sein mit der Außenwelt durch die Sinne. Er müßte in den äußeren Bedingungen eine Stütze finden, um sein weicheres inneres Material, das er anstelle des festen Knochengerüstes hätte, auszugleichen; er könnte sich nicht nach außen aufschließen, sondern würde in seinem inneren Leben abgeschlossen bleiben. Das ist der weibliche Anteil an der Keimanlage; er würde über das Ziel dessen hinausschießen, was heute in unserem irdischen Dasein möglich ist, einfach weil in den heutigen physischen Erdenverhältnissen nicht die Bedingungen gegeben sind, welche ein solcher verfeinerter Organismus nötig hätte, der so wenig zur Vererdigung und zum Aufschließen nach außen angelegt ist. Ein solcher Organismus wäre unter den heutigen irdischen Verhältnissen von vornherein zum Tode bestimmt. So ist wirklich der menschlichen Keimanlage, gerade durch die Tendenz, daß der Mensch in seiner Fortentwickelung zu

weit kommen könnte, schon die Ursache dafür eingeprägt, daß der Mensch zum Tode bestimmt ist.
Der andere Anteil der Keimanlage, der männliche [Ektoderm], ist in der genau umgekehrten Lage. Wenn die männliche Keimanlage allein sich entwickeln würde, so würde dies zu mächtiger Entfaltung dessen führen, was sich kundgibt in dem Sichaufschließen nach außen im Hautsinnessystem, und dessen, was zur Verfestigung im Knochensystem führt, also nach der anderen Seite über das Ziel hinausschießen. Eine solche Einseitigkeit würde ebensowenig eine lebensfähige Keimanlage hervorbringen können wie der weibliche Keim für sich, denn der Organismus, den die männliche Keimanlage entwickeln würde, würde so starke Kräfte entfalten, daß er sich selbst zerstören und zugrunde gehen müßte unter den Verhältnissen, wie sie heute auf der Erde vorhanden sind, das heißt, er würde unter diesen heutigen Verhältnissen auf der Erde als Organismus nicht bestehen können. Der männliche Keim kann daher nur dann zu einem lebensfähigen Ausdruck kommen, wenn er mit der weiblichen Keimanlage zusammenwirkt. Nur dadurch, daß die beiden Keimanlagen sich ausgleichen, daß dasjenige, was in der weiblichen Keimanlage zum Tode bestimmt ist, sich ausgleicht mit dem der männlichen Keimanlage durch den Befruchtungsprozeß, ist eine lebendige Gesamtanlage des Menschen möglich. Was an Kräften zusammengedrängt vorhanden ist in der männlichen Keimanlage, das würde, wenn es für sich allein auswachsen würde, unendlich unter das Irdische hinunterführen, es würde zu einer viel größeren Verhärtung des Knochensystems führen, zu einem weit größeren Sichaufschließen und Aufgehen in der Außenwelt. Diese beiden organischen Keime müssen sich schon in ihrer allerersten Entstehung zu weiterer Entwickelung

zusammenfinden, denn einzeln ist jede von ihnen zum Tode bestimmt. Nur die lebendige Wechselwirkung dessen, was nach beiden Seiten hin das Überhandnehmen des einen über das andere verhindert, ergibt die für das Erdendasein des Menschen mögliche Keimanlage.
So sehen wir, wenn es auch nur in skizzenhafter Art gezeigt werden konnte, daß wir die geistigen Tatsachen bis dahin zurückverfolgen können, wo der Mensch seinesgleichen hervorbringt.'

Novalis erzählt in seinem Roman ‚Heinrich von Ofterdingen' im 3. Kapitel: [57]

‚Eine höhere Macht schien den Knoten schneller lösen zu wollen, und brachte sie unter sonderbaren Umständen in diese romantische Lage. Die Unschuld ihrer Herzen, die zauberhafte Stimmung ihrer Gemüther, und die verbundene unwiderstehliche Macht ihrer süßen Leidenschaft und ihrer Jugend ließ sie bald die Welt und ihre Verhältnisse vergessen, und wiegte sie unter dem Brautgesange des Sturms und den Hochzeitfackeln der Blitze in den süßesten Rausch ein, der je ein sterbliches Paar beseligt haben mag. Der Anbruch des lichten blauen Morgens war für sie das Erwachen in einer neuen seligen Welt. Ein Strom heißer Thränen, der jedoch bald aus den Augen der Prinzessin hervorbrach, verrieth ihrem Geliebten die erwachenden tausendfachen Bekümmernisse ihres Herzens. Er war in dieser Nacht um mehrere Jahre älter, aus einem Jünglinge zum Manne geworden. Mit überschwenglicher Begeisterung tröstete er seine Geliebte, erinnerte sie an die

[57] Novalis, Werke in einem Band, Carl Hanser Verlag.

Heiligkeit der wahrhaften Liebe, und an den hohen Glauben, den sie einflöße, und bat sie, die heiterste Zukunft von dem Schutzgeist ihres Herzens mit Zuversicht zu erwarten.'

Der Tastsinn

Der Tastsinn kann uns nicht weiter über die menschliche Leiblichkeit Aufschluss geben. Er führt in die Außenwelt hinein, wo er die Beschaffenheit der Substanzen vermittelt, eigentlich gibt er die feinsten Unterschiede in den Aggregatzuständen wieder, die im Groben viergeteilt sind: fest, flüssig, gasförmig, wärmeartig. Hier finden wir also ein Tor zur Außenwelt.

Nun ist die Selbsterkenntnis – und die geistigen Erkenntnisse des Leibes sind auch Selbsterkenntnisse – eine andere Form der Welterkenntnis. Was man an Selbsterkenntnis erworben hat, ist eine wirkliche Welterkenntnis. Es darf also nicht gesagt werden, dass der Mensch, der die reale geistige Selbsterkenntnis übt und in das eigene Leibesinnere steigt, ein ‚Autist' sei. Denn in gleichem Maße, wie der Mensch hier nach innen erkennt, hat er auch nach außen erkannt. Das kann für die gewöhnliche Erkenntnis nicht gelten. Persönliche oder auch allgemeine psychologische Einsichten sagen über die Welt nichts. Auch die übliche medizinische Wissenschaft kann keine Verbindung, keine Umstülpung des Leibes zur Welt geben. Die geistige Erkenntnis des menschlichen Leibes ist aber durch ihre eigene Art unmittelbare Welterkenntnis. Die Worte von Paracelsus: ‚Denn der Himmel ist der Mensch und der Mensch ist der Himmel' besagen dasselbe: Der Mikrokosmos ist der Makrokosmos.

Das ‚Nur-mit-sich-selbst-Beschäftigtsein' ist auf dem hier beschriebenen Entwicklungsweg von Anfang an überwunden. Denn das Leibfreiwerden des Denkens verbürgt, dass der Mensch sich selbst auf dem Stuhl sitzenbleiben lassen kann, während sein anderes Selbst sich in Himmelshöhen erhebt. Dann kann man ohne Gefahr einer gesteigerten Selbstsucht wieder in den Leib hineingehen. Es ist nicht möglich, eine selbstlose Liebe zur Natur zu haben, wenn man nicht zuerst die Krone der Schöpfung, den *Menschen*, lieben gelernt hat. So werden wir sehen, dass die menschliche Selbsterkenntnis, die im liebenden Erkennen des Körpers gipfelt, die geistige Grundlage für die liebende Erkenntnis der Welt gibt.

Die atavistische Hellsichtigkeit sieht die Geistigkeit noch immer *draußen*. Die neue exakte Hellsichtigkeit, zu der der Mensch sich selbst ‚auserwählen' soll, muss den physischen Leib erkennend *durchsichtig* machen. Durch ihn hindurch sieht man dann den Makrokosmos und schaut ihn als Mikrokosmos auch im Leib, wenn man gleichsam immer wieder zurückblickt.

Ich beschreibe hier einen irdisch-himmlischen Kreislauf der Erkenntnis, und dieser ist nie vollendet, er wird zur Spirale, zum Merkurstab. Denn wenn wir letztlich in die Himmelshöhen zurückgekehrt sein werden, wo unsere Reise begann, wird sich zeigen, dass die erlangten Erkenntnisse sehr unvollkommen sind. Wir werden dann aufs Neue in das Geistige des Leibes hineingehen wollen, nachdem wir zuerst im Makrokosmos unser ‚heiliges Begreifen' noch mehr erweitert haben werden.

Jetzt sind wir aber an der Schwelle zur äußeren Welt, zum

Makrokosmos angelangt. Wir tasten geistig in unserem Leib und finden die vier Elemente. Der festeste Teil, der, einmal geformt, kaum beeinflussbar ist, ist das Knochensystem. Da ist die irdische Verhärtung, Verfestigung am allerweitesten fortgeschritten. Der Knochen kommt dem Mineral sehr nahe, er ist ‚fast tot', gehört damit am meisten zur Erde, verwest auch am wenigsten, wenn der reale Tod eingetreten ist. Dem Knochensystem sehr nahe ist das Nervensystem, das auch ‚fast tot' ist, aber weniger tot als das Gebein. In Anatomiebüchern kann man es schon empfinden: Knochen und Nerven werden immer blass gehalten, blutlos gezeichnet, bleiben weiß, gelb oder grau, nicht farbig.

Auf der vollkommen anderen Seite lebt das warme Blut, das *so* lebendig ist, dass es die Tendenz hat zu vergeistigen, es lebt nur kurz, wird ständig erfrischt. Ihm sehr nahe ist das Muskelsystem mit seiner wunderbaren Bewegungsfähigkeit. Die Muskeln können sogar unser starres Knochensystem in Bewegung bringen. Zwar bleiben die Knochen selbst unbeteiligt, sie *werden* aber bewegt. Blut und Muskeln werden immer farbig abgebildet. In diese beiden Pole können wir uns tastend hineinleben, wir finden das Wesen des Erdigen und das Wesen des Feurigen, so wie sie in unserem Körper existieren. Zwischen diesen beiden Polen ertasten wir die Organe. Die Drüsen neigen mehr zum Irdischen, bestimmte drüsige Bauchorgane ebenfalls, die Organe Lunge und Herz tendieren zum Feurigen. Die Drüsen gehören aber zum Wässrigen, die Brustorgane mehr zum Luftartigen. *Tasten* kann man das, nach innen zu tastend sich ‚umschauen' und untertauchen.

Die Skelettform ist die feste irdische Gestalt des Ich, das Blut aber ist der lebendige Träger des Ich. Das Nervensystem ist Abbild und Halt für das Astralische, die Muskeln haben mehr Verwandtschaft mit dem Ätherischen. Die Drüsen hängen mit dem Ätherleib zusammen, die Bauch- und Brustorgane mehr mit dem Astralleib. Das muss man auch tastend erkennen, denn Schemata lassen sich hier nicht einfach ausdenken.

Dann aber, bei diesem vorsichtigen geistig-seelisch-ätherischen Tasten, wird die Vier zur Drei. Im Blut wärmt das Feuer, das auch mit der Luft zusammenhängt: Sulphur. Im Knochensystem verhärtet die Substanz zur Erde: Sal. Und das Wässrig-Luftige, das dazwischen als Drüsen und Organe lebt, ist der Merkur. Paracelsus ist ein wunderbarer Lehrmeister dieser Dreiheit und wird von Rudolf Steiner als solcher begeistert anerkannt.
Paracelsus lehrt:

‚Also wenn du einen Körper in die Hand nimmst, so hast du unsichtbar drei Substanzen unter einer Gestalt. [...] Jetzt hast du den Menschen, dass sein Leib nichts ist als allein ein Sulphur, ein Mercurius, ein Sal, in denen drei stets seine Gesundheit, seine Krankheit und alles was immer anliegt.'

Paracelsus verbindet diese drei mit Geist, Seele und Leib. Da hilft uns jedoch auch kein schematisches Denken. Denn das würde sagen: Geist = Sulphur, Seele = Merkur, Leib = Sal. Paracelsus jedoch sagt:

‚Darum aber dass Hermes gesagt, dass die Seele allein das Mittel sei, zu vereinigen den Geist mit dem Leib, hat er es nicht ungerecht vor ihm gehabt, dieweil der Sulphur dieselbige Seele ist und gleich als ein Feuer alle Dinge zeitigt und auskocht, so mag er auch den Geist mit dem Leib binden und miteinander leiblich machen und vereinigen. [...]
Auf dass aber solch drei unterschiedliche Substanzen recht verstanden werden, die er vom Geist, Seele und Leib redet, sollt ihr wissen, dass sie nichts anderes als drei Prinzipien bedeuten, das ist Mercurium, Sulphur und Sal, draus den alle 7 Metalle generiert werden, der Mercurius aber ist der Spiritus, der Sulphur ist Anima, das Sal das Corpus, das Mittel aber zwischen dem Spiritus und Corpore, davon auch Hermes sagt, ist die Seele und ist der Sulphur, der die zwei widerwertige Dinge vereinbaret und in ein Einiges Wesen verkehret.'[58]

In der Meditation lässt sich das gut verstehen. Denn im Sulphurischen, im Feuer, liegt doch auch die Versuchung des Luzifer, die Wärme der Selbstsucht. Das ist eine Versuchung der *Seele*, nicht des Geistes.

Dagegen haben wir im Ätherischen eine fast vollkommene Reinheit, einen Träger des reinen Geistes. Wenn auch der Geist aus noch viel höheren Regionen kommt, lebt er doch als Lebensgeist im Ätherleib, wo der Stachel der Selbstsucht nicht, kaum, hineindrang. Luftwasser ist Merkur, es ist der pneumatische Geist, der Spiritus, der durch ein Ausbilden des ätherischen Denkens gefunden wird.

---

[58] Willem F. Daems, Denn der Himmel ist der Mensch und der Mensch der Himmel..., Verlag am Goetheanum 1993.

Rudolf Steiner hat in ‚Eine okkulte Physiologie' die drei Prinzipien wie folgt geschildert.

Wenn der Mensch denkt, so tritt eine Kristallisation ein, eine Salzbildung, die bis in das Knochensystem wirkt, wo sie die Härte, die irdischen Formträger gestaltet. Die Kristallisation findet in sehr feiner Weise im Blut statt und geht in die äußere Form ein. Sal (Paracelsus: Leib).
Wenn der Mensch fühlt, tritt nicht eine Kristallisation ein, sondern eine Art feines Dickerwerden des Blutes, eine feine Koagulation, Rudolf Steiner nennt es Quellungstendenz. Es ist nicht ein Kristallisieren, es ist ein Dickerwerden der Eiweißsubstanz, das Blut wird zäher. Merkur (Paracelsus: Geist).

Wenn der Mensch *will*, erwärmt er dadurch sein Blut und damit den ganzen Körper. Sulphur (Paracelsus: Seele).
Später, im ‚Jungmediziner-Kurs'[59], gibt Rudolf Steiner Meditationen für diese Dreiheit von Sal, Merkur und Sulphur. Dort bezieht er diese drei auf die Pflanze und auf das Erkenntnisvermögen des Arztes. Es wird ‚der Mensch der Himmel' (umgestülpt zur Pflanze), oder der Himmel zeigt den Menschen (umgestülpt in das Erkennen). Hier folgt Rudolf Steiner Paracelsus, der sagt (in der Wiedergabe von Rudolf Steiner aus dem Jahre 1906):[60]

‚Ich habe alle Wesen betrachtet, Steine, Pflanzen und Tiere, und sie sind mir wie zerstreute Buchstaben erschienen, zu denen im

---

[59] Rudolf Steiner, Meditative Betrachtungen und Anleitungen zur Vertiefung der Heilkunst, GA 316.

[60] Rudolf Steiner, Kosmogonie, GA 94, S. 25.

Vergleich der Mensch das vollständige lebendige Wort bildet.'

Wir suchen unseren Weg vom vollständigen lebendigen Wort zu den zerstreuten Buchstaben. Im Tastsinn gehen wir wieder aus dem Leib heraus und werden im Makrokosmos noch verschiedene Stufen gehen, die uns die Erkenntnisse des Leibes weiter vergeistigen werden.

Als Übergang gebe ich hier, obwohl ich dieses Buch nicht (nur) für Ärzte schreibe – denn es gibt allgemeine Selbsterkenntnis –, die Meditationen für die Ärzte im Jungmediziner-Kurs wieder, wo die Prinzipien Sal, Merkur und Sulphur in der Außenwelt gefunden werden.

Ihr heilenden Geister
Ihr verbindet euch
Dem Sulphursegen
Des Ätherduftes;

Ihr belebet euch
Im Aufstreben Merkurs
Dem Tautropfen
Des Wachsenden
Und Werdenden.

Ihr machet Halt
In dem Erdensalze
Das die Wurzel
Im Boden ernährt. –

Ich will mein Seelenwissen
Verbinden dem Feuer
Des Blütenduftes;

Ich will mein Seelenleben
Erregen am glitzernden Tropfen
Des Blättermorgens;

Ich will mein Seelensein
Erstarken an dem Salzerhärtenden,
Mit dem die Erde
Sorgsam die Wurzel pflegt. –

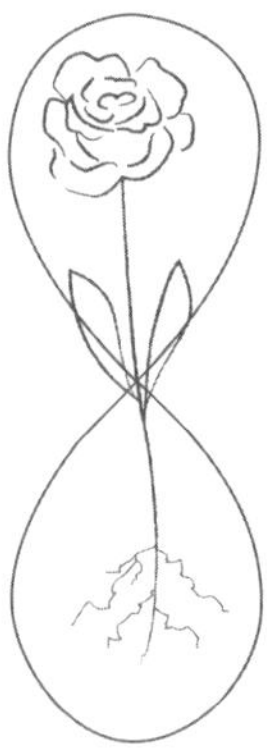

Nun sind wir mit unserem Erkennen in der Welt angelangt, der großen Welt, in spirituellem Sinne. Was ich hier noch zu untersuchen haben werde, sollte eigentlich Inhalt eines ganzen, eigenen Buches sein. Mehr als fünfundzwanzig Jahre ärztlicher Praxis mit insbesondere den sieben Metallen als Mitteln für das Studium und das Heilen lieferten eine reiche Fülle an Erkenntnissen, die noch nicht publiziert wurden. Überdies ist die Welterkenntnis, die durch das Erkennen der Metalle und Planeten aufleuchtet, in sich wiederum Auftakt für ein erneutes Hineingehen in den physischen Leib.

Wir nehmen jetzt sieben Substanzen, sieben Buchstaben aus dem Makrokosmos, insoweit diese Substanzen irdische Form angenommen haben. Wir könnten ein weitreichendes Studium dieser Substanzen beginnen, wobei wir auch die physikalischen, chemischen, industriellen und anderen Eigenschaften beleuchten könnten. Das alles könnte unser Erleben vertiefen. *Könnte* ... denn es wird uns eher davon wegführen. Wir wollen auch jetzt nicht unser Gehirn mitmachen lassen, wir wollen mit unseren Sinnen und unserem Erfühlen und Durchwollen, mit unserer reinen Denkkraft die Substanzen moralisch kennenlernen. ‚Die sinnlich-sittliche Wirkung der Metalle' könnte man diese

Betrachtungen nennen. Und wir wollen erfahren, wie wir uns in unserem Bewusstseinszustand empfinden, indem wir die verschiedenen Substanzen erlebend beobachten.[61]

Einerseits wollen wir also nur die Andacht und Hingabe auf die Substanzen lenken, wir wollen uns meditativ so stark mit der Substanz vereinigen, dass wir sie ‚ganz *werden*'. Dann aber brauchen wir andererseits den Ausnahmezustand, der es uns ermöglicht, zugleich denkend zu empfinden und anzuschauen, wie unser Bewusstsein dann beschaffen ist, wie es sich wandelt.

Wir fangen in der goldenen Mitte an. Unsere Andacht lenken wir auf das *Gold*, am besten auf das real anwesende Gold. Wir versenken uns mit unserer reinen Denkkraft in die sinnliche Wahrnehmung, ohne Gedanken, ohne Erkenntnis. Nur Gold.

Wenn der übende Schüler des Geistes mit dieser Übung *anfangen* würde, so bliebe sie wahrscheinlich ohne Erfolg. Wir haben jetzt jedoch eine tiefgehende Reise durch den Leib hinter uns und haben unsere ‚Geistestriebe gestählt', wir sind starke, kräftige, beharrliche Geistesforscher geworden. Wir wissen, wie wir unser Gehirn ‚ausschalten' müssen, ohne das Denken an sich zu verlieren. Was wir schon einmal meditativ einsetzten, als wir uns in die menschliche Gestalt vertieften, das wiederholen wir hier, während wir wieder aus dem Leib hinausgehen.

---

[61] Rudolf Steiner: Das Initiaten-Bewußtsein. Die wahren und die falschen Wege der geistigen Forschung. GA 243.

Es kommt nur darauf an, dass wir ganz Gold werden und dass daraus etwas *wird*. Eine Art Nachwirkung, Einwirkung, eine nicht in Worte zu fassende Essenz durchzieht uns. Wir starren das Gold nicht an, wir vermählen uns moralisch mit ihm. Moralisch heißt: mit der Kraft des reinen Wollens, mit der übersinnlichen Wärme der Begeisterung, die trotzdem das richtige Maß hält. Wir legen *nichts* von uns aus in das Gold hinein, wir vermählen uns in absoluter Hingabe mit demjenigen, was die andächtige Wahrnehmung in uns hinterlässt.

Obwohl diese Essenz unbeschreiblich ist, ungreifbar und unbegreiflich, kann man etwas andeuten. Unsere Denkkraft, die vom Fühlen und Wollen durchsetzt ist, verwandelt sich gleichsam im Zentrum in eine wohltuende, erstarkende, vom Zentrum in die Peripherie ausstrahlende liebliche Herrlichkeit. Der Trost des absoluten Gleichgewichts, der vollkommenen Harmonie. Auch ohne jegliches Wissen deutet diese Erfahrung auf unser Herz, auf die Sonne im Weltall. Die Essenz entschlüpft uns leicht wieder, wir müssen immer wieder neu anfangen. Zuletzt brauchen wir das reale Gold kaum noch, um die Essenz zu erwecken.

Sie, die Essenz, sorgt dafür, dass wir uns harmonisch in das Weltall eingegliedert fühlen. Hier sind wir wirklich eins mit dem Wort ‚Mensch', und wenn es auch nur einer seiner Buchstaben ist, der zum Wort führt. Die Zufriedenheit lebt in dieser Essenz; die Sicherheit, dass um uns herum genau dasjenige da ist, was auch in uns selbst lebt. Eins mit unserem Leib, eins mit unserer Umgebung, können wir noch einmal mit *Goethe* sagen:

‚Wenn die gesunde Natur des Menschen als ein Ganzes wirkt, wenn er sich in der Welt als in einem großen, schönen, würdigen und werten Ganzen fühlt, wenn das harmonische Behagen ihm ein reines, freies Entzücken gewährt, dann würde das Weltall, wenn es sich selbst empfinden könnte, als an sein Ziel gelangt, aufjauchzen und den Gipfel des eigenen Werdens und Wesens bewundern.'

Als Goethe dies geschrieben hat, da war er in die Essenz des Goldes eingetaucht. Selbstgefühl und Selbsthingabe sind im gesunden Gleichgewicht, es ist kein Trieb da, mehr zu wollen als dieses selige Gleichgewicht. Das Sonnen-Tageslicht beleuchtet und färbt die ganze herrliche Schöpfung, und der Mensch erlebt sich als Teil dieser Schöpfung.

Erst wenn diese ‚goldene Essenz' eine Weile in uns kraften kann, wenn wir nicht schnell wieder hinausgetrieben werden, oder wenn wir den Bruchteil einer Sekunde zur Ewigkeit ausdehnen können ... erst dann kommt die Ruhe, um sich der Bewusstseinsqualität *selbst* zuzuwenden. Die Essenz führte unbemerkt die Qualität des Bewusstseins herbei oder umgekehrt. Die Qualität war eine Selbstverständlichkeit. Nun können wir sie selbst gewahr werden, und es wird uns unvermittelt klar, dass dieses goldene Bewusstsein unser gegenständliches Tagesbewusstsein ist, dass die Erkenntnisart die uns vertraute von Wahrnehmen und Denken ist. Wir leben in der Strahlung der Sonne, äußerlich und innerlich, beide harmonisch vereinigend. Die Sinneswahrnehmungen und die Gedanken werden durch das Nervensystem reflektiert, die Reflektionen werden uns ‚im Herzen bewusst'.

Dann lehrt uns dieses Bewusstsein etwas: Wir erfahren, wie das Gold auch bis in das Bewusstsein ‚verdünnt' noch immer Gold ist. Die äußere Substanz ist die Auskristallisation des Goldes, sein ‚Sal'. In der Essenz wirkt die Substanz warm seelisch, es ist sein ‚Sulphur'. Seine Wirkung als Bewusstseinsqualität scheint uns das Geistige zu sein, seine eigene Substanz, sein ‚Merkur'.

So dehnt sich der Mikrokosmos zum Makrokosmos aus, indem wir die Gold-Substanz sich verfeinern fühlen, bis sie Bewusstseinsqualität ist. Parallel damit erhebt unser Herz sich bis zur Sonne, wo das Gold zuhause ist.

Das *Eisen* ist das zweite Metall, mit dem wir uns vermählen wollen. Wir sollten immer am besten mit dem realen Metall anfangen, es *kann* aber auch mit Erinnerungsvorstellungen gearbeitet werden, wenn sie nur real und lebendig genug vor das Geistesauge gebracht werden können. Wir vereinigen uns mit dieser Substanz, wie sie *in* uns aufleben kann. Ganz Eisen werden wir, es ist nichts mehr da, was *nicht* Eisen ist. Das Eisen ist uns dabei behilflich, es ist ja eine existierende Wesenheit.

Diese Wesenheit wiederum offenbart sich als Essenz, die in uns wirkt, nachwirkt, wenn das Bild des Eisens abgeklungen ist. Da bleibt etwas, das nicht beschrieben werden kann, das ungreifbar, unbegreiflich ist – und trotzdem durch und durch bekannt. Etwas wie Mut ist es, Mut, aus dem Gleichgewicht, aus der Harmonie herauszutreten in eine Tätigkeit, die über das ‚Notwendige' hinausführt. Der Alltag verwendet diese Essenz schon, wenn sie sich zum Gebrauchsobjekt gestaltet. Im Innern ist sie überall da, wo etwas zu überwinden ist. In ihrer ‚reinsten Reinheit' lebt die Essenz in dem Mut zum In-Gang-Setzen des Denkens (nach innen) und des Sprechens (nach außen). Innerlich rein ist die Essenz des Eisens, der Wille zum Denken, der Ansatz zur innerlichen Tätigkeit. *Kraft* ist es, die über das Alltägliche hinausführt.

Und so kommen wir in immer feinere Bedeutungen der Essenz hinein und finden jenen Überschuss an Bewusstsein, der ‚Ausnahmezustand' genannt werden kann. Wiederum werden wir die Qualität des Bewusstseins gewahr, in die die Eisen-Essenz uns bringt.

Unsere Denkkraft kraftet im Sprachgebiet, im Kehlkopf und in der Umgebung. Hätten wir nicht unsere vorangehende Schulung durchlebt, würden wir uns hier nicht mehr so gut halten können. Es würde uns etwas schwindlig werden, weil wir unsere ruhige Mitte verlassen haben. Wir jedoch *kennen* diesen Bewusstseinszustand schon aus einer ‚weit zurückliegenden Vergangenheit', aus der Phase, in der wir uns mit unserem Denken ‚über Ort und Zeit' emporschwangen, hinauf zum reinen Denken. Der reine Mut zum Denken ist Eisen-Essenz, und er führt uns in ein höheres Bewusstsein, unser Kehlkopf vereinigt sich mit dem Planeten im Weltall, der Mars genannt wird. Leben wir in der Eisen-Essenz, so finden wir den Mut zum

Denken, zum Beginnen des Denkens (und Sprechens). Wir erheben uns eine Stufe über uns selbst und empfinden diese wunderbare, von der Erde wegführende Stufe des Eisen-Bewusstseins. Hier hat man schon nicht mehr das ‚gegenständliche Bewusstsein'. Je länger man es aushalten kann, in diesem Zustand zu verweilen, desto mehr verschwindet das gewöhnliche irdische Seinsgefühl. Alles wird allmählich ätherisch, auch wir selbst, wenn wir in der Eisen-Essenz leben können – wenn wir im *In-Gang-Setzen des Denkens* leben können.

Im Kosmos erheben wir uns zu Mars, und zugleich fühlen wir unterhalb des Zwerchfells eine Entsprechung, die auch mit dem Mut im Einklang steht: Was oben Kehlkopf (Mars) ist, ist unten die Gallenblase (Eisen), wo jene Substanz, jener Saft ausgestoßen wird, der immer schon mit der Cholerik, der Aggressivität in Zusammenhang gebracht wurde.

Nun nehmen wir das dritte Metall, wenn möglich in die Hand, fassen es ins Auge, formen ein lebendiges Bild, konzentrieren uns innerlich so stark wie nur möglich auf das *Zinn*.

Es geht uns hier wie gesagt um die Substanz mit all ihren Qualitäten, Sinnesqualitäten, seelischen Qualitäten, nicht um die naturwissenschaftliche Erkenntnis, auch nicht so sehr um die Brauchbarkeit des Metalls. Wir stellen uns das Zinn mit unendlich verstärkter Andacht vor und geben uns in unendlich erweiterter Hingabe seinem Wesen hin. Der ‚Ort', wohin wir unsere Konzentration sich verlagern fühlen, liegt höher, in der Höhe der Augen, der Stirn. Und mit der Konzentration wachsen wir noch weiter aus uns hinaus. Aber wir können uns an einer wunderbaren Essenz halten, die sich gleichsam in unserer Hingabe hingibt.

Diese Essenz empfinden wir auch im Alltag, wenn wir dem Metall irgendwo begegnen; je stärker sie uns bewusst wird, um so mehr lieben wir das Metall. Die Essenz in ihrer vollen Herrlichkeit kommt jedoch erst in dieser Meditation zur Erscheinung. Sie durchzieht unsere Andachts- und Hingabekraft, und wir kennen sie bereits sehr genau aus unseren Bemühungen, uns zum reinen, sinnlichkeitsfreien Denken aufzuschwingen. Sie ist das Denken selbst, *reines Denken, das sich selbst in uns denkt*, weil es von der Weisheit des Jupiter geführt wird. Wir stören diese Weisheit, wenn wir die Gedanken selbst verknüpfen wollen, nach unseren eigenen Wünschen und Trieben.

Mit Mars fanden wir schon den einfachen Willen zum Denken. Das ist kein Wunsch-Wille, sondern der Antrieb zur Tätigkeit. Haben wir einmal diesen Willen in das Denken hineingeführt, ist es *rein tätig* geworden, so können wir uns der im Denken waltenden Weisheit bewusst und lichtvoll hingeben, es denkt die Weisheit des Jupiter in uns. Insoweit kannten wir die Zinn-Essenz schon. Hier, in dieser Meditation der Zinn-Substanz wird sie inhaltsreich. Die Weisheit bleibt nicht ein Begriff, nicht einmal nur eine Wirkung. Sie wird qualitativ erlebbar. Wir empfinden eine gnadenvolle Erweiterung, eine milde Erhabenheit, eine Erfüllung, eine Überschau, ein Zusammenfassen, Zusammenschauen.

Jupiters Adler wird unser Denken, aber er zehrt an

unserer Leber, weil wir nicht nur mitgehen wollen, weil wir *selbst* denken wollen. Was da oben Jupiter ist, ist da unten Zinn, ist die Leber. Keine übernommenen Erkenntnisse sind es mehr, es sind Gewahrwerdungen, Empfindungen, die zugleich ihre Bedeutung zeigen. Man hat sie zuerst als Ahnungen, diese werden immer bestimmter.

Wir fühlen uns innerhalb einer Welt, in der die erhabene Weisheit zuhause ist. Weit über uns selbst hinausreichend fühlen wir uns. Hätten wir uns nicht so intensiv vorbereitet, würden wir in Ohnmacht geraten. Jetzt aber ist die Kraft so stark, dass wir uns in diesem weit von unserem Zentrum entfernten Bewusstsein, in dieser völlig davon verschiedenen Welt, halten können.

Die Zinn-Essenz vermag es, uns bis zu Jupiter zu erweitern, uns in unserer Hingabe zur erhabenen Quelle der Weisheit mitzuführen. Und wir erleben: Hier waren wir schon immer, wir strebten dieses Bewusstsein in der Entwicklung zum reinen Denken an, ohne es so genau deuten zu können. Jetzt sind wir auf unserer Reise zu jener Quelle heimgekommen, wo wir das reine Denken finden können.

Die vierte Substanz, mit der wir uns vermählen wollen, ist das *Blei*.

Die Schneiderin kennt es sehr gut, sie hat das Blei meistens täglich in der Hand, weil sie Bleischeiben benutzt, um das Patronenpapier auf dem Stoff zu halten. Sie kennt übrigens auch das Eisen, weil sie immer den Magneten dabei hat, der die Spangen für sie sammelt und aufbewahrt.

Wir versetzen uns also mit unserer vollen Andacht, wahrnehmend, ohne Gedanken, aber kräftig denkend, in das Blei. Wir empfinden die unglaubliche Schwere, unser Leib wird schwer, und im Gegensatz dazu fühlen wir die Leichtigkeit der Seele, durch die wir den schweren Leib hinter uns lassen. Aber auch eine merkwürdige Undurchdringbarkeit können wir unmittelbar wahrnehmen. Blei glänzt nicht, und es hat nichts Lichtes, es ist *dicht*, eigentlich dichter als dicht, als wären die Atome ganz miteinander verwachsen, ohne Raum dazwischen. Trotzdem scheint es sanft zu sein, viel weniger hart als das Eisen, es erscheint biegsamer. Wir müssen es aber real vor uns haben oder es so gut kennen, dass wir es aus der Erinnerung als Wahrnehmung vor uns hinstellen können.

Dann finden wir in der Hingabe an das in der Seele Erlebte wiederum die Essenz. Etwas wie Durchhaltekraft empfinden wir, Schutz und Treue, Gründlichkeit. Aber auch eine Kraft, sich auf sich selbst zu stellen, sich auszusondern. Obwohl wir kein ‚Wissen' haben wollen, gebe ich hier doch etwas von Rudolf Steiner wieder, weil es die Essenz so wunderbar ausdrückt:[62]

‚Der Name ‚Saturn' zum Beispiel wurde ja, wie schon gesagt, auf alles angewendet, was bewirkt, dass sich etwas aus einer größeren Gesamtheit aussondert und sich abschließt zu einem System, das in sich selbst rhythmisch gestaltet ist.'

---

[62] Rudolf Steiner, Eine okkulte Physiologie, GA 128.

Das wird jetzt ein reales Erleben. Da unten sitzt der Leib, der sich aus dem Makrokosmos ausgesondert hat, der einen eigenen Rhythmus hat. Skelett und Milz sind dessen Werkzeuge.

Und die Blei-Essenz führt uns nun hoch über uns selbst hinaus, bis zu den Fixsternen. Aber auch jetzt wissen wir, dass wir dieser Essenz schon früher gefolgt sind, nur wussten wir es da noch nicht, wir haben es einfach getan. Als wir unser Denken entwickelten, es zum reinen Denken machten, fühlten wir den Antrieb (in der ‚Philosophie der Freiheit' wird dieser Antrieb klar beschrieben und das Ergebnis ‚Ausnahmezustand' genannt), etwas aus dem reinen Denken auszusondern, wir wollten uns noch höher emporschwingen, als es das reine Denken tut, wir wollten auch noch über die Zeit hinaus, über Chronos-Saturn hinaus. So wie im Skelett der Tod waltet, im Mark jedoch das neue Blut entsteht, so wollten wir diese Bleikraft, die aus dem Tod hinausführt, über ihn hinausführt, die auch die Kraft hat, uns aus dem reinen Denken auszusondern, verwenden, um in dieser Aussonderung aus dem reinen Denken dieses in seiner Tätigkeit wahrzunehmen, anzuschauen.

Bis zu Saturn, aber auch über ihn hinaus führt uns die Blei-Essenz, wir sondern *uns* aus *uns* heraus. Und da überwinden wir unsere Persönlichkeit gerade vollkommen, weil wir den letzten Faden darin, wie er im reinen Denken noch lebt, nicht zerreißen, sondern auf sich beruhen lassen – und *anschauen*. Über Saturn hinaus kommen wir mit der Blei-Essenz, wenn wir diesem ‚Trieb zum Ausnahmezustand' folgen können. Auferstehungskraft finden wir gerade in der

Aussonderung. Unbewusst waren wir also schon an diesem Punkt, bevor wir in unseren Leib hinuntergestiegen sind. Jetzt kommen wir vollbewusst hierher zurück.

Und so müssen wir auch die Stufen, die wir in den Leib hinein durchschritten haben, noch einmal vom Bewusstsein her erleben lernen.

Damit beginnen wir, wenn wir uns mit dem *Kupfer*, der fünften Substanz, vermählen. Wir vertiefen uns in die ‚leichtere', glänzendere Seite der Metalle, vom Gold selbstverständlich abgesehen.

Wiederum vertiefen wir uns mit verstärkter Andacht und liebevollster Hingabe in das Metall, in das Kupfer. Rotes Kupfer, gelbes Kupfer, oxydiertes Kupfer, Kupferdraht. Es wird zur Essenz, und es führt unser Bewusstsein. Gar nicht weiter werden wir jetzt, nicht leichter, nicht ohnmächtig, nicht leibfrei. Gepresst, dicht, verstärkt bewusst, gedrückt, schmerzlich werden wir mehr leib-eigen. Diese Bewegung, die wir die ‚wahre Mystik' nannten, die wir machten, als wir ohne Gehirntätigkeit durch die Tore der Sinne in uns hineingingen, sie fühlen wir jetzt aufs Neue, und immens verstärkt.

Da, wo das Bewusstsein der inneren Leiblichkeit sonst ferngehalten wird, genau da fühlen wir uns jetzt bewusst, in der Region des Magens, des Plexus solaris. Unangenehm ist es, aber auch beseligend, denn wir fühlen, wie wir hier erst richtig die Fähigkeit zur Imagination finden. Wir fühlen uns in keiner Weise mehr eins mit dem gewöhnlichen Zeitempfinden, wir könnten uns nicht an die Alltagserlebnisse erinnern. Nun, das können wir selbstverständlich, aber dann sind wir aus dem Kupferbewusstsein ‚herausgefallen'. Können wir uns darin halten, sind wir dem gewöhnlichen Zeitempfinden entfremdet. Eine wunderbare, aber merkwürdige Empfindung ist es, eigentlich nicht recht *da* im Jetzt zu sein und doch vollbewusst erleben zu können, ja noch viel stärker bewusst als je zuvor.

Können wir uns also in der Kupfer-Essenz halten, so haben wir das imaginative Bewusstsein erlangt. Dieses erlangen wir erst *nach* der Entwicklung des reinen Denkens, des Ausnahmezustandes, nach dem Durchschreiten der Sinne, der Erkenntnis des Gleichgewichtssinnes. Hier fanden wir das Imaginieren schon. Jetzt wird es zum Bewusstsein, das immer mehr gezielt eingesetzt werden kann.

Rudolf Steiner hat in der Vortragsreihe ‚Das Initiatenbewusstsein'[63], gehalten im August 1924 in Torquay, wunderbare Schilderungen dieses Kupferzustandes gegeben. Erstens führt er aus, wie sein Buch ‚Wie erlangt man Erkenntnisse der höheren Welten?' eigentlich den Weg zur Ausbildung dieses Kupferbewusstseins enthält. Der Weg in ‚Das Initiatenbewusstsein' ist der Weg in jene Welt hinein, die die Buchstaben des Wortes ‚Mensch' enthält. In der Vortragsreihe ‚Grenzen der Naturerkenntnis' wird dann ein anderer Weg zu diesem Bewusstsein gegeben, der unmittelbar in das Wort ‚Mensch' hineinführt, ähnlich dem Weg in diesem Buch. Grundlage für *diesen* Weg ist die richtige Arbeit an der ‚Philosophie der Freiheit'. –

---

[63] Rudolf Steiner, Das Initiaten-Bewußtsein, Die wahren und die falschen Wege der geistigen Forschung, GA 243.

Dann bringt Rudolf Steiner im ‚Initiatenbewusstsein' die Erzählung, wie Brunetto Latini, von einem Sonnenstich betroffen – auch in einem Kupferzustand –, die Jungfrau Natura schaut. Und Steiner erzählt, wie die Lehrer von Chartres bereits empfanden, wie sie ‚Natura' eigentlich nicht mehr gut beikommen konnten, wie diese zur Gestalt der uns bekannten äußeren Natur und der Naturwissenschaft verblasste.[64]

Und dann gipfeln Rudolf Steiners Beschreibungen des Kupferbewusstseins in seiner wohlbekannten Schilderung der Begegnung eines Lehrers mit seinem Schüler (seiner Schülerin) in den Mysterien von Ephesus. Man kann hier eine karmische Erinnerung der Beziehung des Lehrers und seiner Schülerin ahnen, wie sie Rudolf Steiner und Ita Wegman in einer Inkarnation zur Blütezeit der griechischen Mysterien hatten. In der Schilderung dieser Begegnung gibt er wieder, wie das Menschenwort mit dem Weltenwort in Zusammenhang gebracht wurde:[65]

> *‚Es waren allerdings in Ephesus uralte Erkenntnisse noch herrschend, aber sie waren auch bewahrt in Ephesus bis in jene Zeiten hinein, in denen Homer gewirkt hat, ja, bis in die Zeiten hinein, wenn auch dann schwächer, in denen Heraklit eingeweiht worden ist. Es waren solche alten Mysterien in der allerstärksten*

[64] Ich habe versucht, diese Steigerung des Verlustes der Jungfrau Natura und die Lösung durch das Finden der Jungfrau Sophia in einem Roman zu beschreiben, ‚Mutter eines Königs'. Dieser Verlust ist die Tragik des heutigen wissenschaftlich erzogenen Menschen.

[65] Das Initiaten-Bewußtsein, a.a.O., S. 86ff.

Lebendigkeit vorhanden. Und es waren schon starke, mächtige Initiationsströmungen, die erflossen in jenem Tempel, der geschmückt war an seiner Ostseite mit jenem Bildnis, das ja auch der Welt bekanntgeworden ist, mit dem Bildnisse der Göttin Diana, der Göttin der Fruchtbarkeit, die in ihrer Bildhaftigkeit die in der Natur überall strotzende Fruchtbarkeit zum Ausdrucke bringt. Und es wurden schon große Geheimnisse des Daseins, tief spirituelle Geheimnisse in die menschlichen Worte hineingezogen, wenn die Gespräche geführt wurden, etwa unmittelbar nachdem die an den Mysterien Teilnehmenden ihre mächtigen Impulse empfangen hatten bei den Kulten und bei den Einzelheiten der Kulte im Tempel von Ephesus. Und es waren tiefe Gespräche, die das dann fortsetzten, wenn die am Kultus Teilnehmenden herausgetreten sind aus diesem Tempel und dann, etwa gerade dann, wenn die äußere Welt am fruchtbarsten ist für solche Dinge, in der Abenddämmerung, jenen Weg angetreten haben, der von der Tempelpforte hineinführte in eine Waldung, die wunderbare Gänge hatte, in jene Waldung, mit schwärzlich-grünen Bäumen bewachsen, wo sich die Wege in schöner Perspektive nach den verschiedenen Seiten von Ephesus verloren. Gespräche von solcher Art möchte ich in ein unvollkommenes Bild bringen.

Da war es so, daß derjenige, der von der einen Seite initiiert war in die Geheimnisse von dazumal, dann wohl ins Gespräch kam mit einem Schüler oder einer Schülerin. Denn bemerkt werden muß, daß in jenen alten Zeiten die Gleichberechtigung des männlichen und weiblichen Geschlechtes, gerade in denjenigen Zeiten, nach denen sie sogleich abgenommen hat, viel lebendiger war, als sie etwa in unserer Zeit ist. So daß wir ebensogut von Schülerinnen in Ephesus sprechen können wie von Schülern, in gleicher Weise.

Und gerade der Proserpina-, der Persephoneia-Mythus in seiner spirituellen Gestalt war in jenen Gesprächen ganz lebendig.
Aber wie wurde solch ein Gespräch über den Proserpina-Mythus geführt? Da war zunächst, sagen wir etwa der Lehrer, der eingeweihte Priester, der da aus dem, was er an Impulsen empfangen hatte, reden konnte über die Geschehnisse in der Formenwelt, reden konnte über die Geschehnisse, die sich abspielen zwischen Wesenheiten, und etwa aus dieser Einweihung heraus das Folgende zu seinem Zögling sagen konnte: Sieh einmal, wir gehen durch die Dämmerung. Der Schlaf, der die göttliche Welt schaubar, sichtbar macht, er wird bald beginnen. Schaue dich an in deiner ganzen menschlichen Gestalt. Da drunten sind die Pflanzen; um uns herum ist der in der Dämmerung schattende, in seinem grünen Dämmerdunkel wunderbare Wald. Schon beginnen oben die ersten funkelnden Sterne sich zu zeigen. Schaue einmal das alles an. Schaue die Majestät, die Größe, aber auch das Sprießende, Sprossende des Lebens oben und unten. Und dann schaue dich selbst an. Bedenke, wie in dir lebt und webt ein ganzes Weltenall, wie in alledem, was in dir zirkuliert, in alledem, was in dir sein Dasein in Geschehnissen hat, eine Fülle von Tatsachen, eine Fülle von Wesensverwandlungen in jedem Augenblicke vorhanden ist. Fühle, wie du selber eine ganze Welt bist, die geheimnisvoller, großartiger, wenn auch dem Raume nach kleiner ist als das Universum, das du von der Erde bis zu den Sternen überschaust. Fühle das. Fühle dich als Mensch als eine Welt, als eine Welt, die eine größere Fülle hat als die Welt, die du mit deinen Augen schaust, mit deinen Gedanken umfängst. Fühle die Welt in dir innerhalb deiner Haut.
Und dann empfinde, wie du jetzt aus deiner Welt herausschaust

in die Welt, die von der Erde bis zu den Sternen reicht. Du wirst dann vom Schlaf umfangen sein. Dann wirst du nicht in deinem Leib, nicht in deiner Welt sein, dann wirst du in der Welt sein, die du jetzt überschaust von der Erde bis zu den Sternen. Dann wirst du aus dir herausgegangen sein mit deinem seelisch-geistigen Teil. Dann wirst du in der Sternenstrahlung, in der Erdenausdünstung leben. Dann wirst du mit dem Winde gehen. Dann wirst du mit dem Sternenstrahl denken. Dann wirst du in deiner Außenwelt leben und wirst zurückschauen auf dasjenige, was du als eine Welt in dir bist.

Und es konnte in jenen alten Zeiten noch so gesprochen werden von dem Lehrer zu dem Zögling, denn es war eben noch das äußere Anschauen während des Tagwachens nicht so konturiert, sondern so, wie ich es Ihnen beschrieben habe.'

Genau *das* haben wir jetzt erneuert, denn zuerst haben wir dieses Großartige des Wortes, das der Mensch in seinem Leib ist (Leib ist gemeint als Zusammenhang der Wesensglieder, gipfelnd in der leiblichen Gestalt mit ihrer Zwölfgliedrigkeit oder sogar Dreimal-Siebengliedrigkeit), durchdacht, durchfühlt, durchwollt, und jetzt sind wir nach außen gegangen, in den Makrokosmos hinein.

Das Kupferbewusstsein führt uns in die Zeiterlebnisse hinein. Es sind aber keine *Zeitreisen*, die wir jetzt machen, es ist ein verändertes Bewusstsein, das sich in der Zeit vor der Konzeption so zuhause fühlt wie das gegenständliche Bewusstsein in der Gegenwart. Das Kupferbewusstsein ist das imaginative Bewusstsein, das in der elementarischen Welt schauen kann. Hier finden wir auf diesem geistes*wissenschaftlichen* Weg erst wirklich den Punkt, wo wir die Imaginationen als eigene Fähigkeit beherrschen lernen. Zuvor imaginierten wir als Übung, und in dieser imaginativen Kraft hatten wir schon objektive Imaginationen empfangen. Jetzt bekommen wir eine gewisse *Herrschaft* darüber, wir wissen genau, wie wir uns in die imaginative Fähigkeit versetzen müssen. Das Schauen wird ein Schauen in der ätherischen Welt.

Schauen wir nach innen, zum *Mikrokosmos*, so finden wir die Kräfte unseres Lebenstableaus; es sind ätherische Kräfte, die wir bereits auf unserem Weg durch die Sinne fanden, die sich aber noch viel mehr differenzieren können. *Wirksamkeiten* finden wir, Bildekräfte, Lebenskräfte des eigenen Organismus.

Wollen wir die *makrokosmische* elementarische Welt schauen, die eigentliche Natura, so müssen wir uns in unserem Kupferbewusstsein mit dem Mars, mit dem Eisen verbinden, damit wir aus uns hinausgehen können. Das sind die Schritte, die wir immer bewusster und gezielter machen können, die uns also in die Wirksamkeiten der elementarischen Welt außerhalb unseres Leibes versetzen können. Das Eisenbewusstsein führt uns über uns hinaus in den Weltenäther. Im Kupferbewusstsein wird das allgemeine Erleben differenziert.

Wir können wie gesagt auch *direkt* dieses Bewusstsein entwickeln, dann brauchen wir die Anweisungen aus ‚Wie erlangt man Erkenntnisse der höheren Welten'[66].

[66] Rudolf Steiner, Wie erlangt man Erkenntnisse der höheren Welten, GA 10.

Bewusstsein der höheren Welten erlangen wir. Die *Exaktheit* aber, die ‚wissenschaftlich' genannt werden kann, die Fähigkeit, genau zu wissen, wie man vorgeht, beruht auf dem längeren, aber sichereren Weg der spirituellen Erkenntnistheorie. Wählt man die letztere Art der Einweihung, so ist die Arbeit ebenso intensiv und wissenschaftlich wie ‚in der Sternwarte'[67], es gibt keine Abkürzungen des Weges, die Imagination wird beim Durchgang durch den Leib entwickelt, Schritt für Schritt in größter Disziplin – und immer moralisch gesättigt. Nicht vage ist der Entwicklungsweg, sondern so klar durchleuchtet wie die mathematische Beweisführung. Nur *weil* die Erkenntnis die Wahrheit, *weil* sie die Schönheit, die Güte zum Gegenstand hat, erringt sie diese vollkommene Klarheit.

Die elementarische Welt ist auch diejenige Welt, in der die Verstorbenen noch lange anwesend sind. Mit dem Kupferbewusstsein kommt man auch ihnen nahe, und man darf hoffen, dass auch diese Nähe sich aufhellen wird. Mit dem Kupferbewusstsein sind wir in der Welt der Venus.

Dann gehen wir über zum sechsten Metall, zum *Quecksilber*, Merkur.

Es gibt nicht viele Gelegenheiten, dieses Metall frei anzuschauen. Wer das Glück hatte, dass einmal ein Quecksilberblutdruckmessgerät auf den steinernen Boden fiel und

[67] Rudolf Steiner, Grenzen der Naturerkenntnis, GA 322, Vortrag vom 29.9.1920.

das Merkur heraussprang … hat es einmal wahrnehmen können. Die Eigensinnigkeit, mit der es wegrollt, wenn man es anfassen will; die Tropfenform, in der es ausfließt; den eigentümlichen silbrigen Glanz, der doch anders als beim Silber ist.

Was aber jeder kennen kann, ist die Ausdehnung des Merkur bei Temperaturanstieg, Druckanstieg, bei der Reaktion auf Luftdruckänderungen (Thermometer, Blutdruckmessgerät, Barometer). Da kann man die Substanz zumindest anschauen und in ihrer Tätigkeit empfinden.

Die andächtige Konzentration und Hingabe an die Wirkung ergibt wiederum eine Essenz, die ziemlich stark wirksam ist. Im Kupferbewusstsein waren wir in der elementarischen Welt. Diese Welt trägt die Kräfte, die unseren Sinnen zugrunde liegen. Dies konnten wir auf unserer Reise durch die Sinne erfahren: dass sie im physischen Leib *vorhanden* sind, dass sie jedoch aus einer höheren Welt gestaltet worden sind. Merkur führt uns weiter. Merkur wurde immer schon als Name für das Metallische an sich verwendet. Merkur als Metall hängt mit Merkur als Planet zusammen. Die Merkur-Essenz versetzt uns in Merkur, in den Götterboten, die Verbindung zwischen Himmel und Erde: die Sternenwelt, die astralische Welt.

Merkur ist die Bewegung, er treibt das Blut in unserem Leib, er ist aber auch die Zirkulation des Makrokosmos. Und diese Zirkulation im Makrokosmos ist unser Weg durch die Planetensphären in unserem Leben zwischen Tod und Geburt. Zuerst nach oben, dann nach unten, unser

‚Herz' in der Mitternachtsstunde.

Die Essenz von Merkur führt uns weiter als das Kupferbewusstsein von unserem gewöhnlichen Zeiterleben weg, führt uns zurück in das Leben vor der heutigen Geburt, zum vorigen Tod. Die Hinweise und Schilderungen Rudolf Steiners geben hier die Deutungen für die eigenen, zuerst unverständlichen Ahnungen. Man fühlt sich außerhalb der Gegenwart, weit weg, aber nicht räumlich oder gewöhnlich-zeitlich entfernt. Man ist in einer anderen Zeit-Ebene, Zeit-Lage, die immer da ist, die aber vom Licht des Alltags überstrahlt wird. Wir kannten das Gefühl leise, jetzt wird es klares Erlebnis, aber noch immer Ahnung. Keine vage, sondern eine klare wissenschaftliche Ahnung ist es. Und die Deutungen Rudolf Steiners verkürzen unseren Weg der Erleuchtung, weil wir nicht zu warten brauchen, bis die Ahnung zu jener realen Wahrnehmung wird, die auch ihre Bedeutung in sich trägt.

Dennoch beschreibe ich hier reale authentisch eigene Erfahrung. Wir lassen uns von der Merkur-Essenz führen, und alles wird Bewegung. Wo unser Leib sitzt, ist nur noch Bewegung, Strömung; nicht beseligend, sondern schmerzvoll ist sie. Dasjenige, was wir als physische Ermüdung kennen, das ‚Milchsäure-Gefühl' in den Muskeln, das wird hier unser ‚Leib', damit empfinden wir, sind wir da (es ist nicht das leibliche Gefühl, sondern eine ähnliche übersinnliche Empfindung). Und eine Art Wehmut, eine Sehnsucht, ein Durst nach dem gewöhnlichen Dasein bleibt uns noch, es muss die Pforte zum realen Erleben des Kamaloka sein. Wir fühlen unseren Kreislauf als Entsprechung zum makrokosmischen Kreislauf zwischen Tod und Geburt.

Könnten wir länger darin verweilen, genauer schauen, so fänden wir ‚den übersinnlichen Menschen, anthroposophisch erfasst'. Das gelingt uns zwar nicht, aber wir wissen jetzt, wo diese Erkenntnisse sich verbergen: im Merkurbewusstsein. Das Schwierige ist, sich hierin zu halten, durchzuhalten. Denn wir müssen mit etwas mitgehen wollen, was gar nicht wohltuend wirkt. Wie soll man es ertragen, *nur* Bewegung zu sein, ohne Haupt, ohne Gehirn, ohne Sinne? Und dann doch noch etwas wahrzunehmen?

Es wird wohl deutlich sein, dass dies etwas ganz anderes ist als eine ‚Drosselung des Denkens'[68] oder ein verschärftes tierähnliches Bewusstsein. Wir erfahren gerade immer mehr die gewaltige Größe des *Menschseins*, über Geburt und Tod hinaus. Und wir erfahren, wie der ‚Gott Merkur' uns innerlich bewegt, wie er auch außen bewegt. Das ist nun aber nicht mehr ein bloßer Begriff, es ist ein reales Bewegtwerden.

So können wir auch hier die Verbindung mit dem ‚Oben' bewusst herstellen. Wir können die Merkur-Essenz mit der Jupiter-Essenz verbinden. Wir wachsen gleichsam räumlich zur Sternenwelt-Größe und befinden uns in der Zeit zwischen Tod und Geburt. Astrales Bewusstsein bekommen wir, ein ‚Sternenwelt-Bewusstsein'. Karma-Bewusstsein, könnten wir auch sagen.

---

[68] Dorian Schmidt u.a.

Das siebente Metall ist das Monden-Metall: *Silber*.

Reines, hundertprozentiges Silber sollten wir wahrnehmen. Denn nur dieses hat die Sanftheit, die Biegsamkeit und auch diesen warmen Glanz, die dem echten Silber eigen sind. Silber ist nicht so kalt wie das Mondenlicht, es zeigt doch auch seine Verwandtschaft mit der Sonne, mit dem Gold.

Versuchen wir jetzt, ganz silber zu werden und uns der Wirkung in der Seele hinzugeben. Mit der Silber-Essenz könnten wir Märchen schreiben...

Wir können eine sonderbare Zweiteilung erfahren. Einerseits macht uns das Silber warm, es verstärkt gewissermaßen die Ich-Erfahrung. Es ist die Wärme-Qualität des Ich, des Selbst, das stärker empfunden wird. Das bedeutet zugleich die Erfahrung der Willens-Stärke. Je stärker diese Ich-Wärme erlebt wird, desto mehr schreitet das Bewusstsein in der Zeit zurück. Die Ich-Wärme deutet auf ein anderes Ich, das gleichsam ‚Ahnherr' dieses Wärme-Ichs ist. Solange wir jedoch in der Ich-Wärme sind, sind wir nicht bei diesem früheren Ich, sondern bei dessen Folge, gleichsam einem Spross.

Und dann kann sich eine besondere Qualität in dieser Silber-Essenz offenbaren; es ist die Eigenschaft, *so* vollkommen hingegeben zu sein, dass sie wie ein reiner *Spiegel* wirkt. Keine Verzeichnungen, keine Verzerrungen – aber auch keine Durchsichtigkeit, nur *Reflexion*.

Wenn diese Eigenschaft der Essenz eins mit uns wird, wenn wir uns mit ihr völlig vermählen können, dann bekommen wir selbst diese Spiegel-Natur. Wir stehen nicht davor und sehen uns selbst. Wir sind *selbst* Spiegel, und das gibt das erschütternde Gefühl, ganz aus dem heutigen Ich herausgekommen zu sein; der Spiegel hat kein Zentrum, kein Selbst, er gibt nur treu wieder. Dann erst fühlen wir unser heutiges Ich völlig außerhalb von uns, können es erst in seiner wahren Art anschauen; schauen, wie es eine ‚Folge' eines anderen Erdenlebens mit einer anderen, fremden Ich-Empfindung ist, die trotzdem etwas Vertrautes hat.

Erst wenn wir dieses reale Spiegel-Erlebnis haben können, gibt es eine Möglichkeit, sich in ein vorangegangenes Ich, in diesen anderen Spross derselben Individualität, die wir ja sind, einzuleben. Solange man noch mit einem dünnen, unbewussten Faden mit seinem heutigen Ich verbunden ist, ist aller Erkenntnis von Karma und Reinkarnation *nicht* zu vertrauen, spielt das heutige Ich eine bezaubernde, verzaubernde Rolle. Da kann man sich in Alkibiades oder Maria Stuart wiederfinden, da *kann* das wahr sein, ist es aber meistens absolut nicht. Denn was wird in moralischem Sinne auf dieser Stufe verlangt?

Wir haben uns hier wiederum in die Geburtsmysterien eingelebt, nun auf eine noch geistigere Weise als zuvor. Hier wird die physische Geburt *Mittel*, um eine höhere Geburt vorzubereiten, die Geburt des neuen Sprosses der Individualität. Und die Befruchtung, die zu dieser Geburt führt, liegt nicht in der sexuellen Handlung der Eltern, sondern liegt in der ‚Umarbeitung' der Ergebnisse eines Erdenlebens in eine Ich-Gestalt für das neue Erdenleben. Der ganze Chor der höheren Hierarchien, als ‚Leib Christi', ist daran beteiligt.

Die sexuellen Kräfte, mit denen das Erden-Ich lebt, rauben dem Silberspiegel die hingebungsvolle Reinheit. Solange der Mensch sich mit der sexuellen Praxis im Leben beschäftigen muss, kann er die Spiegel-Natur in der Silber-Essenz zwar ahnen, kann sie jedoch nicht vollkommen *werden*, weil der sexuelle Trieb dies nun einmal verhindert. Das kann man *anders* haben wollen, man kann dieses Wollen sogar mit allerlei Argumenten zu bekräftigen suchen – es ist aber ein Gesetz, welches sich selbst durch noch so vieles Argumentieren nicht verändern lässt. Das Schauen der früheren Inkarnationen erfordert das vollständige Abreißenkönnen der Fäden, mit denen man noch mit seinem heutigen Ich verbunden ist, die es in der Subjektivität halten.

Selbstverständlich kann es wahre Erkenntnisse der früheren Inkarnationen bei Menschen geben, die diese Forderung nicht erfüllen. Es geht nicht darum, dass es dann unmöglich wäre, es geht um die absolute Sicherheit. Die gibt es nur, wenn das heutige Erden-Ich im Blut bleiben und das Geistig-Seelische sich zur reinen Spiegelnatur erheben kann. Da reißt der Faden, und eine vollkommene Objektivität tritt ein. Die Spiegel-Natur kann sich dann in Erlebnisse von vorangegangenen Sprossen der ‚ewigen Individualität' umgestalten.

So haben wir auf dem zurückgelegten Weg den makrokosmischen Menschen erleben können, wie er zu planetarischer Größe auswachsen kann und wie er sich als ein ‚siebengliederiges Metall' erleben lernt.

Der Arzt könnte diese Meditationen wiederum erweitern, indem er die sieben Organe des Leibes meditiert:

Saturn: Milz	♄
Jupiter: Leber	♃
Mars: Galle	♂
Sonne: Herz	☉
Venus: Niere	♀
Merkur: Lunge	☿
Mond: Reproduktion	☽

Das geht jedoch über unseren Weg hinaus, es erfordert weitgehende Erkenntnisse der Organe. In seiner Vortragsreihe ‚Das Initiatenbewusstsein' hat Rudolf Steiner angegeben, wie er mit der Ärztin Ita Wegman zusammen diesen Zugang zum makrokosmischen Menschen meditiert hat.

Noch einmal schauen wir aus der astralen Welt, aus der Sternenwelt, zur ätherischen Welt zurück. In der astralen (himmlischen) Welt fanden wir die verschiedenen Bewusstseine mit ihren spezifischen Wirkungssphären. Aus dieser astralen Welt[69] wirken sie auf die elementarische Welt zurück, wirken auf sie ein und geben die verschiedenen Stufen des Lebens. Bei unserem Gang durch den Lebenssinn fanden wir die spezifischen *Vorgänge* im menschlichen Ätherleib, die ihre Ursache selbstverständlich ebenfalls in der höheren, der astralischen Welt haben. Diese Wirkungen und Einwirkungen finden wir von Rudolf Steiner herausfordernd (weil es so viel differenziertes Denken, so viel imaginative Kraft erfordert) in dem unvollendeten Buch ‚Anthroposophie. Ein Fragment'[70] beschrieben.

Die Lebens*stufen* sind nicht so sehr Vorgänge, sondern *‚Zustände'* zwischen Aufbau/Regeneration und Abbau/Ersterben. Unser Ätherleib lebt diese Stufen mit. Sehr ausführlich hat Rudolf Steiner sie in ‚Anthroposophie als Kosmosophie' betrachtet.[71] Da kommen wir also wiederum

---

[69] Mit astrale Welt meine ich nicht Astralplan, sondern die darüber gelegene Welt.

[70] Rudolf Steiner, Anthroposophie, Ein Fragment aus dem Jahre 1910, GA 45.

[71] Rudolf Steiner, Anthroposophie als Kosmosophie, Zweiter Teil: Die Gestaltung des Menschen als Ergebnis kosmischer Wirkung, GA 208.

in uns hinein, in anderer Art, als wir hinausgekommen sind. Diesen Weg lasse ich hier unbeschrieben. Nur um der Vollständigkeit willen und weil klar zwischen Lebensvorgängen und Lebensstufen unterschieden werden muss, gebe ich eine kurze Zusammenfassung und zitiere, wie Alla Selawry Rudolf Steiner wiedergibt (sie tut das frei zusammenfassend, nicht annähernd wörtlich):[72]

♄

Saturn – Sinnesleben:
‚Das Leben des Menschen in seinen verschiedenen Stufen hängt zusammen mit dem planetarisch-kosmischen Leben. Der Lebensleib lebt zunächst in der Sinnesschichte das Sinnenleben, eine Art ersterbendes Leben, [...] das wir in der Tat kaum mehr als Leben empfinden. Dieses entwickelt sich unter Einwirkung des Saturn.'

♃

Jupiter – Nervenleben:
‚Das Nervenleben setzt das Sinnesleben fort. In dem Nervenorganismus ist abgeschwächtes Sinnesleben, eine Art von ruhendem, bewahrendem Leben unter Einwirkung des Jupiter.'

♂

Mars – Atmungsleben:
‚Im Atmungsleben haben wir bildendes Leben in uns, das

[72] Alla Selawry, Metall-Funktionstypen in Psychologie und Medizin, Karl F. Haug Verlag 1985.

der Eisen-Mars-Einwirkung entspricht.'

☉

Sonne – Zirkulationsleben:
‚Das Zirkulationsleben als zentrale Lebensquelle wird impulsiert durch die Sonne (Goldprozess).'

♀

Venus – Stoffwechselleben:
‚Die Zirkulation nimmt den Stoffwechsel auf, so dass wir zur nächsten Stufe, dem Stoffwechselleben kommen, das die Grundlage stofflicher Organe bildet.'

☿

Merkur – Bewegungsleben:
‚Was im Stoffwechsel vor sich geht, kann der Mensch verwenden, um dadurch Bewegung hervorzubringen, und wir kommen zu dem Bewegungsleben. Dieses Bewegungsleben ist der Merkur-Einwirkung auf den Ätherleib zu verdanken.'

☽

Mond – Reproduktionsleben:
‚Dann gibt es noch eine weitere Lebensstufe. Das ist das Reproduktionsleben, das Fortpflanzungsleben. – Das ist das erneuernde Leben. Es beruht auf dem Mondenleben (Silberprozess).'

Mit dem Kapitel ‚Die Methode der Geisteswissenschaft' habe ich diese Darstellungen begonnen, ich möchte sie auch so abschließen.

Für die Anthroposophie als Geistes*wissenschaft* ist es doch notwendig, sich immer wieder auf seine wissenschaftliche Art zu besinnen. So sind im Frühling 2010 zwei Bücher erschienen, die eigentlich zusammen gelesen werden sollten. Es sind die bereits erwähnten Titel: ‚Die Beobachtung des Denkens' von Jürgen Strube und ‚Bildekräfte – Lebenskräfte' von Dorian Schmidt. Da hier reale nicht-sinnliche Forschungsmethoden und -resultate angegeben werden, wirken die Bücher sehr anziehend, auch weil die Wege nicht allzu schwer gegangen werden zu können scheinen. Dorian Schmidt vergleicht den von ihm vertretenen Weg mit dem Weg, den Rudolf Steiner in der Vortragsreihe ‚Grenzen der Naturerkenntnis'[73] als den geisteswissenschaftlichen Weg gegeben hat. Es gibt zwar Unterschiede, der Weg kann jedoch auf den ersten Blick ziemlich gleichartig erscheinen.

In den Beschreibungen wird nicht genügend klar, *wo* die Unterschiede zu ‚Grenzen der Naturerkenntnis' genau liegen

[73] Rudolf Steiner, Grenzen der Naturerkenntnis, GA 322.

und *was* die Bedeutung und die Folgen dieser Unterschiede sind. Rudolf Steiner führt dort aus, dass der Schüler, nachdem er die ‚Philosophie der Freiheit' erfolgreich durchgearbeitet hat – das ist die Forderung –, seine Sinneswahrnehmungen vorstellungsfrei, begriffsfrei in seinen Leib hineinziehen kann.[74] Das Entstehen von Imaginationen wird in der gewöhnlichen Sinneswahrnehmung verhindert, weil das Vorstellen und das Begreifen der Sinneswahrnehmung ihre Geistigkeit nehmen (vgl. meine Ausführungen über das Kupferbewusstsein. Zur Erlangung der Imagination muss das Gehirn ausgeschaltet werden).

Hier liegt eine Entsprechung zu Dorian Schmidts Wegbeschreibung, denn auch auf diesem Weg wird die durch Begriffe und Vorstellungen entstandene Schwächung der Sinneswahrnehmung durch eine Intervention des Ich unterbunden. Diese von Begriffen gereinigte Wahrnehmung wird dann mit der eigenen Leiblichkeit in Berührung gebracht. Dies scheint also etwas Ähnliches zu sein. Der Unterschied ist jedoch wesentlich. In der zur Imagination führenden Methode Rudolf Steiners wird das Denken nicht ‚gedrosselt', sondern immer weiter erkraftet, erstarkt. Nicht das Denken wird ausgeschaltet, sondern die Vorstellungen und Begriffe werden durch die Denkkraft ersetzt. Das ist nicht nur eine gesteigerte Aufmerksamkeit oder ein gesteigertes Bewusstsein. Die *Denkkraft* wird selbst Inhalt des Denkens, sie ist ein wollendes Fühlen, ein fühlendes Wollen – mit der Qualität des sinnvollen Schauens –, das

[74] ebd., S. 104.

erkennend in den Leib hineingeht. Ein Teil der Denkkraft bleibt als vorstellende und begreifende Kraft außerhalb des Leibes. Die Entwicklung der Denkkraft hängt gesetzmäßig mit der Entwicklung der moralischen Intuition zusammen.

Der in *diesem* Buch beschriebene Weg durch die Sinne in den Leib hinein und wieder aus ihm hinaus sollte genügend deutlich gemacht haben, dass die Imagination in geisteswissenschaftlichem Sinne unmittelbar mit der Selbsterziehung, mit dem Moralischen, sogar mit dem Religiösen zusammenhängt. Man könnte meinen, dass auf diesem Weg auch anders vorgegangen werde, als es in ‚Grenzen der Naturerkenntnis' beschrieben wurde, weil dort die Sinneswahrnehmungen vorstellungsfrei aufgenommen werden sollen – und hier die Sinne selbst meditiert werden. Das ist jedoch überhaupt kein *Unterschied*, denn die Sinne und ihre Wahrnehmungen sind hier ein und dasselbe.

Die Selbsterziehung muss unendlich viel *weiter* gehen, als man sich ausdenken kann. Und was dann als Imaginationen entsteht, sind nicht nur Licht, Linien, Bewegungen, Bewegungsformen, Elementarwesen. Es sind die Bilde- und Wachstumskräfte des menschlichen (Äther-) Leibes und der höheren Wesensglieder; es sind jedoch auch die erschütternden Imaginationen der Menschheitsentwicklung. Im Gleichgewichtssinn stehen wir vor der Verführung durch Luzifer und dem Tod als dessen Folge, wir ahnen die Entwicklungsstufe des alten Mondes. Im Bewegungssinn fanden wir die reinen christlichen

Mysterien, die uns zur alten Sonne verweisen, wo Luzifer und Christus noch Brüder waren. Und im Lebenssinn schließlich reichten wir bis an das Phantom heran, das bereits im Saturndasein angelegt wurde.

Vielleicht blieben die Erfahrungen des Lesers aber doch zu begrifflich, wurden nicht zur Imagination, zu großartigen Bildern. Deshalb möchte ich hier noch einmal zeigen, *was* genau der methodische Unterschied zwischen diesem geisteswissenschaftlichen Weg Rudolf Steiners und der ‚Bildekräfteforschung' von Dorian Schmidt ist.

Der Unterschied liegt in der Vorarbeit in Bezug auf die Stufe des reinen sinnlichen Wahrnehmens. Zuerst betrachten wir die ‚Bildekräfteforschung'.

Ein Tier nimmt auch rein sinnlich wahr, denn es kann seine Wahrnehmungen nicht durch Begriffe schwächen. Aufmerksam ist es, denkend nicht. In einer menschlichen Art kann der Mensch sich von seinem Denken distanzieren lernen, wodurch er menschlich so sein kann wie ein Tier. Die Beobachtung des Denkens als Grundlage der ‚Bildekräfteforschung' hat zum Ziel, die imaginative Seite, die Bewegungsseite des Denkens anhand gewöhnlicher Verstandestätigkeiten wie dem Rechnen oder dem Fragen nach der unbewussten Seite des Denkens einfacher Begriffe kennenzulernen.

Auf diese Weise verlässt man das eigentliche begriffliche Denken und bleibt in den imaginativen Untergründen des Denkens wach. Man findet sogar die leiblichen Ursprünge der Denkbewegungen, die Muskelbewegungen. So kann man lernen, den Denkwillen in den Leib zurückfließen zu lassen: ‚große oder starke Wachheit im Kopf und das Abfluten des Denkwillens in den Leib zurück.'[75] Damit fließt alles, was je Denken war, zurück in den Leib, und ‚oben' bleibt nur die Sinneswachheit. Der Weg der ‚Bildekräfteforschung' schließt über das Denken das Denken vollkommen aus.

Der Weg der *Anthroposophie* zur reinen Wahrnehmung, wie er in ‚Grenzen der Naturerkenntnis' beschrieben wurde, ist nicht ein ähnlicher, sondern ein entgegengesetzter Weg. Hier wird das Denken nicht ausgeschaltet, sondern umgewandelt. Es werden nicht die *in* ihm anwesenden *gewöhnlichen* Imaginationen gesucht, sondern es wird als Tätigkeit an sich so verstärkt, dass es selbst zum Gestalter von Imaginationen wird. Das Denken wird nicht ausgeschaltet, obwohl das Gehirn es sehr wohl wird.

Das Denken wird so stark geschult, dass es erstens in sich immer intelligenter wird, sich aber zweitens auch unendlich verstärkt. Es entwickelt sich sowohl qualitativ, also als Intelligenz, aber auch als Stärke und schließlich sogar als Liebe, weil es aus sich herausgehen kann. Die ‚Philosophie der Freiheit' ist ein Instrument dazu, man könnte auch Fichte, Hegel, Aristoteles oder Thomas von Aquin selbst nachzugestalten versuchen.

Es ist nichts, was leicht zu erreichen ist, denn wir müssen ja über Mars (Stärke), Jupiter (Intelligenz) und Saturn (Liebe) unser Denken entwickeln. Und man versteht Rudolf Steiner ganz falsch, wenn man meint, er würde

---

75 Dorian Schmidt, a.a.O., S. 38.

sagen, man solle das Denken ausschalten, wenn man die Sinneswahrnehmungen vorstellungsfrei in sich, in seinen Leib hineinzieht.

Die *Stärke* wird so zur Imagination, die *Intelligenz* wird Inspiration, die *Liebe* wird Intuition. Die Gehirntätigkeit ist ausgeschaltet – es werden keine Begriffe mehr geformt, keine Urteile gebildet. Das Denken selbst aber, als *Wesen*, wird zur Wahrnehmung. Die Denkstärke, die nicht dem heutigen Erden-Ich gehört, wird in imaginative Fähigkeit verwandelt, gerade *sie* verstärkt die sinnlichen Wahrnehmungen so, dass sie vorstellungsfrei in den Leib hineingezogen werden können. Das Ich-Denken, das auch das reine Denken noch immer ist, geht nicht mit. Das astralische Kraft-Denken jedoch geht hinein, um sich mit dem Ätherleib in einer mystischen Hochzeit zu vermählen. Der rein-menschliche Astralleib verbindet sich mit dem rein-menschlichen Ätherleib, in einer tief christlichen Mysterienhandlung – auch wenn es zugleich eine geisteswissenschaftliche Handlung ist. Aber dieser Hochzeit ging die chymische voran, denn der Schüler hatte sich ja zuvor mit seinem intelligenten, konzentrierten, liebefähigen Denken aus dem Leib befreit und hatte dort schon die – noch nicht in Imaginationen verlaufende – Berührung mit dem Weltenäther, mit dem heiligen Geist erlebt.[76] Die chymische Hochzeit wurde von Rudolf Steiner ausführlich in seinem gleichnamigen Aufsatz in ‚Philosophie und

[76] Mieke Mosmuller, Das Tor zur geistigen Welt, Occident 2010.

Anthroposophie'[77] beschrieben; die mystische Hochzeit findet man vor allem in seiner Vortragsreihe ‚Okkulte Physiologie'[78] beschrieben.

Es bleibt uns jetzt noch ein Ausblick. Denn der makrokosmische Mensch reicht mit seinem Haupt bis zu den Fixsternen, und der Eingeweihte darf sein Haupt sogar noch darüber hinaus erheben.

Das reine Denken ist in erster Linie ein sinnlichkeitsfreies Denken. Dieses reine Denken ist noch immer ein Vorstellen und ein Begreifen, auch wenn es keine sinnlichen Elemente mehr enthält; es ist also noch immer mit der Gehirntätigkeit verbunden. Durch das ‚seelische Turnen', das man üben muss, wenn man ‚Die Philosophie der Freiheit' nachgestalten will, wird das reine Denken beweglich, stark, intelligent. Indem immer wieder der Ausnahmezustand eingenommen wird, findet man auch noch die Liebe im Denken. Das leibfreie, vervollkommnete reine Denken ist also inhaltlich sinnlichkeitsfrei, stark, intelligent und liebevoll.

Kann man hier nun jenen Teil – den sinnlichkeitsfreien *Inhalt* – ,der mit dem gegenwärtigen Ich verbunden ist, bewusst von den anderen drei – von Stärke, Weisheit, Liebe – trennen, so hat man sich in die richtige Position des Erkennens gebracht, so wie Rudolf Steiner sie in ‚Grenzen

[77] Rudolf Steiner, Philosophie und Anthroposophie, GA 35.

[78] Rudolf Steiner: Eine okkulte Physiologie. GA 128.

der Naturerkenntnis' beschrieben hat. Man erlangt die Fähigkeit, so exakt innerlich arbeiten zu können, dass man den sinnlichkeitsfreien Inhalt des Denkens mit dem Ich außerhalb der sinnlichen Wahrnehmung lässt und die sinnliche Wahrnehmung durchtränkt mit der Denk-Stärke, der Denk-Weisheit (diese ist hier eins mit der Sinnlichkeit) und der Denk-Liebe in den Leib hineinträgt. Statt Denk-Stärke usw. kann man auch sagen: Willensstärke, Willensliebe und Willensweisheit.

In den esoterischen Stunden der ersten Klasse der freien Hochschule hatte Rudolf Steiner diesen ganzen Weg, von der ‚Philosophie der Freiheit' ausgehend und über die ‚Grenzen der Naturerkenntnis' schreitend, noch einmal in majestätischer Herrlichkeit in Mantren gegeben.

So erklang etwa die Aufgabe aus ‚Grenzen der Naturerkenntnis' 1924 in der siebenten Klassenstunde.

Der *Inhalt* des reinen Denkens wirkt nicht mit, der Wille (Stärke) *will* den Geist und webt in den Sinnen, in der Weisheit. Dieses willensstarke Weisheitsdenken waltet in der Wahrnehmung und kann in den Leib hineingezogen werden. Die Sinneswahrnehmung wird so gleichsam ‚entsinnlicht'.

Im ‚Initiatenbewusstsein' wird es in dem Abschnitt über das Kupferbewusstsein wie folgt gesagt (Hervorhebung M.M.):[79]

---

[79] Rudolf Steiner, Das Initiaten-Bewußtsein, Die wahren und die falschen Wege der geistigen Forschung, GA 243, S. 98.

‚Das Gehirn muß man ausschalten. Das ist ein furchtbar störendes Organ für die höhere Anschauung. Und man muß mit dem ausgeschalteten Gehirn gleich wiederum in den Sinnen leben, aber jetzt in die Sinne hineindrücken das erweckte Spirituelle; dann bekommt man die Imagination.'

Das erweckte Spirituelle darf man nicht vergessen. Dies nun ist gerade das verwandelte Denken: Denk-Stärke, Denk-Intelligenz, Denk-Liebe. Mars, Jupiter, Saturn.

Und dann soll man mit Venus das Gehirn ausschalten. Und ich wiederhole: Dies ist nicht dasselbe wie ‚das Denken ausschalten'. Schaltet man Gehirn *und* Denken aus, so verliert man die Geisteswissenschaft, die Anthroposophie.

Es könnte der Eindruck entstehen, dass der hier in diesem Buch beschriebene Weg sich nur auf den eigenen Menschen beziehe, dass man also nur mit sich selbst beschäftigt sei. Wer mit dem Meditieren in dieser hier beschriebenen Weise beginnt, wird jedoch selbst erfahren, wie sehr die Menschenerkenntnis Welterkenntnis ist, wie man aber umgekehrt immer mehr in die Welt hineingehen muss und auch will, um genügend Kräfte zu sammeln, um diese Meditationen durchführen zu können.

Es lebt hier also ein realer Rhythmus, eine im Weg selbst liegende Abwechslung, die dafür sorgt, dass die Tiefe, in die man eintaucht, der Weite entspricht. ‚Autistisch' kann man auf dieser Reise nicht sein und auch nicht werden, denn so wie man einatmen will, wenn man ausgeatmet hat und umgekehrt, so will man aus der Mystik in das Leben mit dem Mitmenschen hinein und umgekehrt, will man aber auch vom Mikrokosmos immer wieder zum Makrokosmos werden – und umgekehrt.

Aber auch auf der Reise in den Leib, aus dem Leib, bleibt der Geistesforscher keineswegs allein. Zwar bemerkt er anfangs die ihn umgebenden Wesen – geistige Wesen – nicht. Sie sind aber da. Und die Imaginationen, die wir selbst bilden, indem wir uns in die Sinne vertiefen, empfinden wir immer mehr als geist-erfüllt.

Es wird immer mehr unsere Aufgabe, uns bewusst zu werden, dass die geistige Erfüllung, das *Leben* in den Imaginationen von diesen vorerst unbekannten Wesen herrührt, dass es *ihre* Taten sind. Diese Bewusstwerdung führt dann allmählich zu einer Bekanntschaft mit den Wesen. Wir sind auf unserer meditativen Reise also keineswegs uns selbst überlassen, im Gegenteil. Die Hingabe muss noch immer größer, weiter werden, und so dringt die geistige Welt immer mehr, immer realer in unser Imaginieren ein.

Auch sollte der Leser nicht meinen, dass dieser Weg *nur* ein Erkenntnisweg sei. Die Erkenntnisse sind immer von Moralität erfüllt, und wir bemerken bereits unterwegs, dass wir nicht weitergehen können, wenn wir unsere eigene moralische Verfassung nicht immer weiter vertiefen und verstärken. Eine Art Kamaloka-Zeit müssen wir durchleben, sonst kann die moralisch durchtränkte geistige Welt sich nicht mit uns vermählen. Wir wollen das verlorene Paradies, das unser Leib ja ist, betreten; und also müssen wir den ‚Läuterungsberg' zuerst ganz durchwandern.

In der ‚Divina Commedia' von Dante wurde dieser Berg in mittelalterlicher Weise beschrieben. Für die imaginative Fähigkeit ist es sehr wohltuend, sich einmal in jene sieben Überwindungsschritte zu vertiefen, die da geschildert werden. Wir wissen dann wiederum sehr genau, was von uns gefordert wird, wenn wir die Schwelle zur geistigen (leiblichen) Welt überschreiten wollen. Und leicht finden wir da die Entsprechungen zu Rudolf Steiners

‚Theosophie'.[80]

Nun gibt es eine höhere geistige Welt als das Paradies, als die planetarische Sternenwelt. Der makrokosmische Mensch trägt das Haupt über Saturn hinaus, berührt die Fixsterne und darf sogar, wenn die Heiligkeit seiner Seele entsprechend groß ist, darüber hinausschauen. ‚Über Sternen muss er wohnen', sagt Friedrich Schiller. Im nachtodlichen Leben darf das reine Menschenkind sich in der Mitternachtsstunde des Daseins durch dieses ‚übermakrokosmische Reich' befruchten lassen. Hier wohnt die Dreieinigkeit Gottes, von Dante imaginativ als ‚Himmlische Rose' beschrieben.

Auf unserer meditativen Reise kommen wir nicht so hoch. Die Fixsterne können jedoch als ‚Amschaspands' in uns denken, wir berühren da ein reines makrokosmisches Denken. Ich zitiere Rudolf Steiner: [81]

‚[...] die Weltanschauung, die man die ZarathustraWeltanschauung nennen kann mit ihrem starken Dualismus, der ja auch geschildert ist in einem Kapitel meiner ‚Geheimwissenschaft': jenem Dualismus, der auf der einen Seite Ahura Mazdao, den großen Lichtgeist, anerkannte, der seine Impulse in die Menschheitsentwickelung sendet, um Quell des Guten, des Großen, des Schönen zu sein, der seine dienenden Geister, die

---

80 Siehe: Mieke Mosmuller, Die sieben Hauptsünden, abgedruckt in: ‚Gegenwart' Nr. 1/2010.

81 Rudolf Steiner, Esoterische Betrachtungen karmischer Zusammenhänge, GA 238, 10. Vortrag.

Amschaspands hat, die ihn umstellen, wie die Sonne umstellt wird in dem Scheine der Offenbarung des Himmelsantlitzes von den zwölf Zeichen des Tierkreises – da haben wir also die Lichtseite jenes im alten Persien urständenden Dualismus –, wir haben dann die ahrimanische Gegenmacht, die das Finstere, aber auch das Böse, das überall Hemmende, das überall Disharmonisch-Gestaltende in die Weltentwickelung der Menschheit hineinträgt. Diese Lehre war verknüpft mit einer eindringlichen Erkenntnis der Konstellation der Sterne in dem Sinne, wie man in den alten Zeiten Astrosophie oder Astrologie hatte.

[...]

Man muß sich nur klar sein darüber: Platos Geist ist zunächst der Ideenwelt zugewendet. Allein man darf sich nicht vorstellen, meine lieben Freunde, daß Idee bei Plato dasselbe abstrakte Ungetüm ist, was für uns heute Ideen sind, wenn wir dem gewöhnlichen Bewußtsein huldigen. Für Plato war die Idee fast etwas von dem, was die persischen Götter Amschaspands waren, die dem Ahura Mazdao als wirkende Genien zur Seite standen; wirkende Genien, die in imaginativer Anschauung nur erreichbar waren, das waren für Plato eigentlich die Ideen: wesenhaft. Nur schilderte er sie schon nicht mehr mit der Lebendigkeit, mit der man in früheren Zeiten solche Dinge geschildert hat. Er schildert sie wie Schatten, könnte man sagen, von Wesenheiten. Und dadurch entstehen ja dann die abstrakten Gedanken, daß die Ideen immer schattenhafter und schattenhafter von den Menschen genommen werden. Aber Plato, indem er weiterlebt, vertieft sich doch in einer Weise, so daß man sagen möchte, in seine Ideenwelt ergießt sich fast die ganze Weisheit der damaligen Zeit. Man braucht bloß seine späteren Dialoge zu nehmen und man wird Astrologisch-Astronomisches, man wird Kosmologisches, wunderbar Psychologisches, Völkerhistorisches bei Plato finden, alles in einer Art von Spiritualität, welche das Spirituelle eben bis zur Idee, ich möchte sagen, verfeinert, verschattenhaftet.'

Vielleicht hatten wir uns in der vorbereitenden Stufe zum reinen Denken bereits in die zwölf Begriffskategorien – denn so werden die Wesen, die Amschaspands, bei Aristoteles zu abstrakten Begriffen – vertieft. Da kann es eigenes Erleben werden, dass der Mensch Begriffe in sich trägt, die er kaum beschreiben kann, die aber sein ganzes Begreifen tragen, so wie das Skelett das irdische Ich trägt. Zehn Kategorien finden wir von Aristoteles beschrieben. Zwei müssen nach dem Mysterium von Golgatha hinzugefügt werden, weil es seitdem etwas gibt, was es vorher nicht gab.
Die zehn sind:

Substanz
Quantität
Qualität
Beziehung
Raum
Zeit
Lage
Haben
Tun
Leiden

Die Folge, in der man sie setzt, hängt vom Standpunkt ab, der eingenommen wird (z.B. zeitliche Folge in Zusammenhang mit der Entwicklung von Mensch und Kosmos, räumliche Lage im Makrokosmos oder geistige Entwicklung des heutigen Menschen).

Die zwei, die noch hinzugefügt werden können, sind:

Wesen
Erscheinung

Diese zwölf sind die Buchstaben des Logos. Die letzten beiden deuten darauf hin, dass der Logos in einem menschlichen Leib erschienen ist.

Es ist ein Buch in Vorbereitung, in dem ich versuche, die zwölf Kategorien im Denken zu betrachten. Das ist die Arbeit zum reinen Denken *hin*, es ist das Sich-Emporschwingen über Ort und Zeit oder das Sich-Erheben – durch Mars, Jupiter und Saturn – zu den Fixsternen. Das Denken wird ein Denken in reinen Begriffen, wobei das Gehirn nur *dann* nicht mehr mitmacht, wenn die volle Bedeutung einer Kategorie im Denken wortlos da sein kann.

Diese Zwölfheit nun hat eine geistige Seite, die ‚über Sternen wohnt'. Zu ihr haben wir uns auf unserer Reise durch den Leib und durch die elementarische und astralische Welt hinaufgearbeitet. Hier nun gibt es die Möglichkeit, die zwölf Begriffe zu vergeistigen, die Wesenheiten darin kennenzulernen. Wir würden so den Logos in seinen zwölf

Gliedern kennenlernen, wir würden eine geistige, kosmische Schrift kennenlernen – die Schrift, mit der die Gralswissenschaft geschrieben ist. Auf diesem Weg müssen wir drei Gefährten bei uns haben: Gawain (Mars), Feirefis (Jupiter) und Parzival (Saturn). Mit diesen zusammen können wir die Schrift des Logos von der geistigen Seite kennenlernen.

Beschließen möchte ich dieses Buch mit der Vision von Dante, die am Ende meines Romans ‚Himmlische Rose' steht:[82]

‚O, ewiges Licht, nur in dir selbst ruhend, nur dich selbst kennend und so erkannt und erkennend dich selbst liebend und dir zulächelnd, als ich den Kreis, der wie ein Widerschein von Licht in dir entstand, eine Zeitlang studiert und angeschaut hatte, schien er mir in sich und in seiner eigenen Farbe das Bild von uns Menschen zu tragen.[83] *Und so geschah es, dass mein Blick ganz davon aufgenommen wurde.*

Wie ein Geometer, der sich bis zum Äußersten anstrengt, um zu einer Methode zu kommen, mit der er den Kreis messen kann, aber trotz allen Nachdenkens das gesuchte Prinzip nicht finden kann, so ging es mir, als ich mich Auge in Auge mit jenem wunderbaren Schauspiel befand: Ich wollte sehen, wie das Bild in den Kreis passte und Platz fand, aber meine Flügel waren zu einem so hohen Fluge nicht imstande. Doch auf einmal wurde mein Geist von

---

[82] Mieke Mosmuller, Himmlische Rose, Occident 2010. Zitat aus: Dante, Divina Commedia, Paradiso, Canto 33.

[83] Das ist ‚Anthroposophie'!

einem Blitz aus Licht getroffen, der meine Sehnsucht ganz erfüllte. In diesem Augenblick wurde meine Vorstellungskraft, die so hoch aufgestiegen war, mit Lähmung geschlagen. Indessen jedoch wurden mein Drang nach Einsicht und mein freier Wille wie ein in gleichmäßiger Geschwindigkeit sich drehendes Rad bereits vorwärtsgetrieben von der Liebe, die die Triebkraft der Sonne und der anderen Sterne ist.'

LITERATUR

Anthro-Tech News: Zeitschrift des Anthro-Tech. Hrsg. von Paul Emberson. Winter 2009, Nr. 10.

Jakob Böhme: Aurora. Insel Taschenbuch, 1992.

Markus Buchmann: Erkenntnistheoretische und methodische Grundlagen der Bildekräfteforschung. Online-Dokument, o.J.

Willem F. Daems: Denn der Himmel ist der Mensch und der Mensch der Himmel... Verlag am Goetheanum, 1993.

Dante: Divina Commedia.

Das Alte Testament – Genesis.

Das Neue Testament – Das Johannes-Evangelium.

Armin J. Husemann: Der musikalische Bau des Menschen. Verlag Freies Geistesleben, 1989.

Friedrich Husemann: Das Bild des Menschen als Grundlage der Heilkunst. Verlag Freies Geistesleben, 2003.

Dr. J. Langmann: Inleiding tot de Embryologie. Oosthoek, 1969.

Dorian Schmidt: Bildekräfte – Lebenskräfte. Verlag Freies Geistesleben, 2010.

Alla Selawry: Metall-Funktionstypen in Psychologie und Medizin. Karl F. Haug Verlag, 1985.

Peter Selg: Mysterium Cordis. Verlag am Goetheanum, 2003.

Rudolf Steiner: Theosophie. GA 9.

Rudolf Steiner: Wie erlangt man Erkenntnisse der höheren Welten. GA 10.

Rudolf Steiner: Die geistige Führung des Menschen und der Menschheit. GA 15.

Rudolf Steiner: Ein Weg zur Selbsterkenntnis des Menschen in acht Meditationen. GA 16.

Rudolf Steiner: Anthroposophische Leitsätze. GA 26.

Rudolf Steiner: Grundlegendes für eine Erweiterung der Heilkunst nach geisteswissenschaftlichen Erkenntnissen. GA 27.
Rudolf Steiner: Philosophie und Anthroposophie. GA 35.
Rudolf Steiner: Anthroposophie. Ein Fragment. GA 45.
Rudolf Steiner: Anthroposophie, ihre Erkenntniswurzeln und Lebensfrüchte. GA 78.
Rudolf Steiner: Das Johannes-Evangelium. GA 103.
Rudolf Steiner: Das Lukas-Evangelium. GA 114.
Rudolf Steiner: Anthroposophie – Psychosophie – Pneumatosophie. GA 115.
Rudolf Steiner: Exkurse in das Gebiet des Markus-Evangeliums. GA 124.
Rudolf Steiner: Eine okkulte Physiologie. GA 128.
Rudolf Steiner: Der Mensch im Lichte von Okkultismus, Theosophie und Philosophie. GA 137.
Rudolf Steiner: Welche Bedeutung hat die okkulte Entwicklung des Menschen für seine Hüllen und sein Selbst? GA 145.
Rudolf Steiner: Menschenschicksale und Völkerschicksale. GA 157.
Rudolf Steiner, Anthroposophie als Kosmosophie, Zweiter Teil: Die Gestaltung des Menschen als Ergebnis kosmischer Wirkung. GA 208.
Rudolf Steiner: Alte und neue Einweihungsmethoden. GA 210.
Rudolf Steiner: Geistige Zusammenhänge in der Gestaltung des menschlichen Organismus. GA 218.
Rudolf Steiner: Der übersinnliche Mensch anthroposophisch erfasst. GA 231.
Rudolf Steiner: Das Initiaten-Bewußtsein. Die wahren und die falschen Wege der geistigen Forschung. GA 243.
Rudolf Steiner: Meditative Betrachtungen und Anleitungen zur Vertiefung der Heilkunst. GA 316.
Rudolf Steiner: Grenzen der Naturerkenntnis. GA 322.
Jürgen Strube: Beobachtung des Denkens. Verlag für Anthroposophie, 2010.
Lothar Vogel: Der dreigliedrige Mensch. Verlag am Goetheanum, 1992.

Werke von Mieke Mosmuller

Zoek het licht, dat opgaat in het westen. Occident 1994.

Suche das Licht, das im Abendlande aufgeht. Occident 1994.

Moeder van een Koning. Occident 1995.

Mutter eines Königs. Occident 2004.

Gardevias. Occident 1996.

Lotus en Lelie. Occident 1997.

Ballade in g-klein. Occident 1998.

Ethisch Individualisme versus Kommunikatief Handelen, Kritiek op Jürgen Habermas' Theorie. Occident 1998.

Gewoon God. Gesprekken met Toon Hermans. De Fontein 1998.

Der deutsche Geist. Occident 2000.

De man in het Vondelpark. Occident 2000.

Huis zonder Vensters. Occident 2001.

Meditatie. Occident 2001.

De wijsheid is een vrouw. Occident 2003.

Die Weisheit ist eine Frau. Occident 2006.

Johannes. Occident 2003.

Koningsweg. Occident 2005.

De heilige Graal. Occident 2005.

Der heilige Gral. Occident 2007.

Inferno. Occident 2007.

Waarom zou ik mediteren? Occident 2008.

Stigmata und Geist-Erkenntnis. Occident 2008.

Der lebendige Rudolf Steiner. Eine Apologie. Occident 2008.

Inferno. Occident 2008.

Eine Klasse voller Engel. Über die Erziehungskunst. Occident 2009.

Arabeske. Das Integral Ken Wilber. Occident 2009.

Hemelse Roos. Occident 2010.

Das Tor zur geistigen Welt. Occident 2010.

Meditation. Occident 2010.

Himmlische Rose. Occident 2010.

Prometheus. Occident 2010.

Das menschliche Mysterium. Bildekräfte, Lebenskräfte, Gestaltung des menschlichen Leibes. Occident 2011.

Mieke Mosmuller (Amsterdam, 1951) studierte Medizin an der Universität von Amsterdam. In Maastricht schloss sie ihr Studium mit der Ausbildung zum Hausarzt ab.

Die Arbeit als praktizierende Ärztin brachte sie zu Fragen auf erkenntnistheoretischem Gebiet. Sie fand die Antworten in Rudolf Steiners ‚Grundlinien einer Erkenntnistheorie der Goetheschen Weltanschauung', ‚Wahrheit und Wissenschaft' und ‚Die Philosophie der Freiheit'. Sie begann neben ihrer Tätigkeit als Ärztin ein selbständiges Studium der Philosophie und Anthroposophie und entwickelte eine ‚praktische Theorie des menschlichen Erkenntnisvermögens'. 1994 veröffentlichte sie das Buch ‚Suche das Licht, das im Abendlande aufgeht', in dem diese Erkenntnistheorie ausgearbeitet wird. Ihre weitere Arbeit ist auf dieser spirituellen Grundlage aufgebaut.

Mieke Mosmuller hat 25 Bücher im Bereich von Philosophie, Anthroposophie und Literatur publiziert, 14 auch in der deutschen Sprache, und sie gibt in vielen Städten in Europa Vorträge und Seminare.